NOTAÇÕES
DE UM APRENDIZ

Hernani T. Sant'Anna

NOTAÇÕES DE UM APRENDIZ

☆

FEDERAÇÃO ESPÍRITA BRASILEIRA
DEPARTAMENTO EDITORIAL E GRÁFICO
Rua Souza Valente, 17
20941-040 — Rio-RJ — Brasil

ISBN 85-7328-293-2
B.N. 70.889
3ª edição – *Do 9º ao 11º milheiro*
61-AA; 000.3-O; 6/2002
Capa de JOÃO DAVID

Copyright 1991 by
FEDERAÇÃO ESPÍRITA BRASILEIRA
(Casa-Máter do Espiritismo)
Av. L-2 Norte – Q. 603 – Conjunto F
70830-030 – Brasília, DF – Brasil

Todos os direitos de reprodução, cópia, comunicação ao público e exploração econômica desta obra estão reservados única e exclusivamente para a Federação Espírita Brasileira (FEB). Proibida a reprodução parcial ou total da mesma, através de qualquer forma, meio ou processo eletrônico, digital, fotocópia, microfilme, internet, cd-rom, sem a prévia e expressa autorização da Editora, nos termos da lei 9.610/98 que regulamenta os direitos de autor e conexos.

Composição, fotolitos e impressão offset:
Departamento Gráfico da FEB – Rua Souza Valente, 17
20941-040 – Rio de Janeiro, RJ – Brasil
CNPJ nº 33.644.857/0002-84   I.E. nº 81.600.503

Pedidos de livros à FEB – Departamento Editorial: Tel: (0xx 21) 2589-6020, FAX: (0xx 21) 2589-6838

CIP-BRASIL. CATALOGAÇÃO-NA-FONTE
SINDICATO NACIONAL DOS EDITORES DE LIVROS, RJ.

S223n
3.ed.

Sant'Anna, Hernani T., 1926-2001
 Notações de um aprendiz / Hernani T. Sant'Anna. – 3. ed. – Rio de Janeiro: Federação Espírita Brasileira, 2002
 168p.:

 ISBN 85-7328-293-2

 1. Jesus Cristo – Interpretações espíritas. 2. Bíblia e espiritismo. 3. Espiritismo. I. Federação Espírita Brasileira. II. Título.

02-0886.   CDD 133.9
                                            CDU 133.7

29.05.02 03.06.02   001012

ÍNDICE

Invocação 7

O CRISTO JESUS

I — A CRIAÇÃO DA TERRA 11
O Princípio. — O Verbo. — A Luz. — O Messias.

II — OS SINAIS 17

III — OS ENSINOS 21

IV — AS PARÁBOLAS 25
Os dois filhos. — O bom samaritano. — O semeador. — As dez virgens. — O grão de mostarda. — O fermento. — O tesouro. — A pérola. — A rede. — A figura estéril. — O filho pródigo. — O administrador infiel. — O mau juiz. — O joio. — O credor incompassivo. — O rico e o mendigo. — Os primeiros e os últimos. — A grande ceia. — Os maus lavradores. — Os talentos. — Atualidade.

V — AS CURAS 37
Introdução. — Relatos dos Evangelistas. — A hemorroíssa. — O cego de Betsaida — O paralítico. — Os dez leprosos. — A mão seca. — A mulher curvada. — O paralítico da piscina. — O cego de nascença. — Outras curas. — Os possessos. — As ressurreições (A filha de Jairo. — O filho da viúva. — Lázaro). — A negação dos incrédulos. — Instruções do Altiplano. — O Médico Divino.

VI — OS FENÔMENOS 66

VII — AS REJEIÇÕES. 73
VIII — OS PERSONAGENS 79
IX — SÚPLICA 81

NOTÍCIAS DO COTIDIANO

Pó da Terra 85
Tempo e Luz 89
Questão de Poder 94
As Grandes Contradições 98
Apocalipse 104
Transferência de Tecnologia 108
Torre de Babel 117
Toques, Induções e Interferências 121
Previsões e Realidades 126
Exorcismo, Ábaco e Meditação 131
Dignidade Espiritual 135
Amor Divino 138
Símbolos 141
As Razões da Esperança 148
Não Basta Saber 152
Comentários 154
Sacrifícios 161
Lições da Vida 166

INVOCAÇÃO

Ó Gênios de Amor! Espíritos Sublimes, que dos altos planos da vida vos debruçais sobre os que sofrem nos vales de lágrimas, para, em nome da Paternidade Divina e da fraternidade pura, amparar, socorrer, aliviar! Sede benditos!

Que seria de nós, que seria do mundo, se não fosse o alento salvador da vossa misericórdia! Se a vossa bondade não se derramasse, poderosa e solícita, sobre os erros e os crimes que a ignorância gera e a maldade alimenta!

Aqui, entre os companheiros de aprendizado, nesta vasta escola da existência terrestre, tenho experimentado e tenho visto quantos descaminhos e quantas dores nascem das fraquezas mais honestas e das carências mais confrangedoras!

Nem sempre sofremos e fazemos sofrer por espírito de perversidade. Muitas vezes nos perdemos e ferimos na busca insofrida de amor, de conforto e de paz. No egoísmo da nossa imaturidade, somos freqüentemente incapazes de entender e aceitar a dor milagrosa da renúncia, desconfiados de que a humildade e o sacrifício nos arrebatem a luz!

Por isso, a cada volta maior da nossa estrada, as tempestades de decepção se esbatem sobre a nossa angústia, lançando profundas raízes de amargura em nosso coração!

Ó Anjos Tutelares dos ignorantes e dos aflitos! Ó Excelsos Guardiães da Vida! Tende piedade de nós, de nossas mazelas e das nossas chagas! Ajudai-nos a vislumbrar a sublime claridade do entendimento e do perdão, no cumprimento do dever que nos assiste!

Perdoai a nossa rebeldia infantil, porque, apesar de tudo, somos também filhos de Deus, em crescimento!

O CRISTO JESUS

I — A CRIAÇÃO DA TERRA

1.1 — O Princípio

No princípio... (João, 1:1)

Em termos de extrema simplificação, o que a Física Nuclear entende por materialização, ou seja, criação de matéria, é um processo pelo qual uma radiação se desdobra, por transformação, num par constituído por uma partícula e sua antipartícula, como, por exemplo, um pósitron e um elétron, resultando do fenômeno que a energia do fóton de radiação resta igual à soma energética das partículas formadas, com o equivalente energético das suas massas.

Radiação é, porém, um termo muito genérico, visto que ela pode apresentar-se de naturezas diversas, cientificamente designadas por diferentes terminologias, quais sejam: radiação eletromagnética, de frenamento, monocromática, etc.

Certa radiação é, contudo, a mais importante e poderosa de todas, a única sobre a qual nossa Ciência quase nada sabe, exceto que existe. Refiro-me à radiação cósmica, derivada do fluido universal, cujas partículas mais energéticas não são as provindas do Sol, mas sim, conforme especula a própria Física Nuclear, as de origem provavelmente extragalática.

Essa radiação cósmica é realmente a que existia no espaço antes que o nosso planeta se formasse. Foi dela que se originou toda a matéria primitiva com que o nosso orbe estruturou-se. Ela foi o princípio.

1.2 — O Verbo

No princípio era o Verbo, e o Verbo estava com Deus, e o Verbo era Deus. Ele estava no princípio com Deus. Todas as coisas foram feitas por intermédio dele, e sem ele nada do que foi feito se fez. (João, 1:1 a 3.)

Só Deus é Criador. Único, eterno, incriado, onipotente. "O Universo existe — diz Allan Kardec —, logo tem uma causa. Duvidar da existência de Deus é negar que todo efeito tem uma causa, e avançar que o nada pôde fazer alguma coisa. Atribuir a formação primária das coisas às propriedades íntimas da matéria seria tomar o efeito pela causa, porquanto essas propriedades são, também elas, um efeito que há de ter uma causa. A harmonia existente no mecanismo do Universo patenteia combinações e desígnios determinados e, por isso mesmo, revela um poder inteligente. Atribuir a formação primária ao acaso é insensatez, pois o acaso é cego e não pode produzir os efeitos que a inteligência produz. Um acaso inteligente já não seria acaso. Do poder de uma inteligência se julga pelas suas obras. Não podendo nenhum ser humano criar o que a Natureza produz, a causa primária é, conseguintemente, uma inteligência superior à Humanidade. Quaisquer que sejam os prodígios que a inteligência humana tenha operado, ela própria tem uma causa e, quanto maior for o que opere, tanto maior há de ser a causa primária. Aquela inteligência superior é que é a causa primária de todas as coisas, seja qual for o nome que lhe dêem." ("O Livro dos Espíritos", comentários às perguntas e respostas de números 4, 7, 8 e 9.).

Mas, "Deus é Espírito", como afirmou Jesus (João, 4:24). Espírito Puríssimo, cuja emanação criadora é a aura que sustenta e vivifica os Universos. É no Seio Divino que tudo existe e vibra. É de sua força geratriz que tudo nasce, e é nela que tudo evolui. Do pensamento de Deus emana o fluido universal, do qual o cósmico é modalidade. Nessa substância basilar é que o Supremo Senhor faz trabalharem os seus Devas, os Arcanjos Crísticos que, ao seu divino influxo, exercem os sublimes misteres de Co--Criação universal.

"Devidas à atuação desses Arquitetos Maiores, surgem nas galáxias as organizações estelares como vastos continentes do Universo em evolução e as nebulosas intragaláticas como imensos domínios do Universo, encerrando a evolução em estado potencial, todas gravitando ao redor de pontos atrativos, com admirável uniformidade coordenadora. É aí, no seio dessas formações assombrosas, que se estruturam, inter-relacionados, a matéria, o espaço e o tempo, a se renovarem constantes, oferecendo campos gigantescos ao progresso do Espírito" — escreve André Luiz, em seu primoroso "Evolução em Dois Mundos".

O Verbo Divino, ou Agente Executivo de Deus, a que alude o Evangelista, é o nosso Cristo Planetário, Co--Criador e Supremo Governador Espiritual do nosso orbe, Espírito Angélico que, nos cimos da evolução, vivia em comunhão com o Criador, *estava com Deus*. E porque agia sob o comando divino, na sua excelsa função de Médium do Altíssimo, era "um com o Pai" (João, 10:30). Estando ele assim identificado com Deus, fazendo a vontade de Deus, em nome e sob a inspiração de Deus, entendeu o Evangelista que o Verbo Divino *era Deus*.

1.3 — A Luz

A vida estava nele, e a vida era a luz dos homens. A luz resplandece nas trevas, e as trevas não prevaleceram contra ela. (João, 1:4 e 5.)

Sem a luz do Sol não haveria vida na Terra. Sem ela, nosso planeta não passaria de um túmulo trevoso, eternamente gelado. O Sol é o centro vitalizador do nosso sistema estelar. Mas assim como existem sistemas solares, existem também sistemas anímicos. O Sol dos Espíritos que habitam em nosso mundo é o Cristo-Jesus. É a sua divina luz espiritual que nos sustenta. Por isso ele afirmou, com inteira verdade: "Eu sou a vida" (João, 14:6).

E a vida era a luz dos homens, pois o que não tem vida nada vê, nada percebe, nada enxerga. A luz espiritual é a revelação divina, o conhecimento superior que nos foi dado por Deus, através do seu Cristo e dos seus mensageiros. Sem essa luz vivificante nada se pode discernir além da matéria mortal. A ignorância espiritual é a cegueira das almas.

Os vaga-lumes têm luz própria (bioluminescência) gerada nas suas células fotógenas, impregnadas de luciferina. Quando o oxigênio, levado pelas traquéias, chega ao órgão fotógeno, combina-se com a luciferina, oxidando-a, na presença catalisadora da luciferase. É essa reação exotérmica que libera a energia luminosa. Mas, luz própria possuem também certos peixes, moluscos e crustáceos das regiões abissais. A luz de todos esses seres é fria, e resulta sempre da transformação de energia química em energia luminosa. A Ciência humana sabe muito bem disso, há longo tempo. A mesma Ciência que atualmente investiga a luminescência das auras dos seres vivos e até dos materiais inanimados, mas que ainda ignora ser o Espírito a fonte luminosa mais constante e mais poderosa do Universo.

Sabe-se, desde as pesquisas do engenheiro dinamarquês Poulsen, de 1898, que o som, a luz, a eletricidade e o magnetismo têm evidentes semelhanças de natureza. O poderoso raio *laser* não é senão luz, monocromática e coerente. A luz é, na verdade, a mais elevada, potente e veloz das expressões do movimento, suscetível de acrisolar-se ao infinito, desde as suas mais corriqueiras manifestações físicas, até as mais nobres manifestações espirituais, nos paraísos divinos.

Para nós, calcetas deste mundo, Cristo é a luz Espiritual que nos desvenda a glória da vida superior e nos revela a Paternidade Divina. Em razão disso, ele foi e é a luz dos homens, que resplandece nas trevas da nossa ignorância, para que nos tornemos dignos filhos do Altíssimo.

1.4 — O Messias

O Verbo se fez carne e habitou entre nós, cheio de graça e de verdade. Estava no mundo, o mundo foi feito por intermédio dele, mas o mundo não o conheceu. Veio para o que era seu, e os seus não o receberam. (João, 1:10, 11 a 14.)

"Ninguém tem maior amor do que este, de dar a própria vida pelos seus amigos" — disse o Mestre (João, 15:13). E disse mais: "Eu sou o bom pastor, que dou minha vida pelas minhas ovelhas" (João, 10:11 e 15).

Foi essa suprema prova de amor que deu o Cristo--Jesus à nossa Humanidade, ao descer do seu sólio glorioso ao nosso vale de lágrimas, para nos ensinar em pessoa, diretamente, de viva voz e de vivo exemplo, o caminho e a verdade, para podermos encontrar a fonte da vida eterna e da felicidade imarcescível.

Para fazer-se visível e tangível na face da Terra, não mediu o custo infinito do seu sacrifício, a indescritível carga de dor do seu inenarrável apequenamento formal, o superlativo constrangimento do seu contacto direto com o charco vibratório deste nosso atoleiro de crimes, provas e expiações. Quis visitar o seu povo, apresentando-se como se fosse um homem como os outros, do mesmo tamanho e da mesma obscuridade física dos outros, para a todos servir e a ninguém humilhar.

Em verdade, mesmo na crosta da Terra, Jesus jamais deixou de ser o Cristo Planetário, nem se apequenou e obscureceu senão apenas na aparência. "Eu dou a minha vida para reassumi-la. Ninguém a tira de mim. Pelo contrário, eu espontaneamente a dou. Tenho autoridade para entregá-la e também para reavê-la. Este mandato recebi de meu Pai" — declarou com a maior clareza (João, 10:17 e 18). Apesar disso, deixou-se insultar, perseguir, aprisionar e torturar, para que a claridade dos seus exemplos de amor e dos seus ensinos salvadores permanecesse indelevelmente no mundo, como roteiro de redenção para todos os homens, pelos séculos sem fim.

II — OS SINAIS

Serviu-se Jesus de um corpo tangível essencialmente energético, moldado pela força aglutinadora do seu próprio pensamento crístico, a partir de princípios atmosféricos e amidos vegetais, em combinação adensada com o ectoplasma purificado de médiuns de elevada estirpe espiritual, especialmente a excelsa Maria de Nazaré. Desfrutava, em razão disso, da mais ampla liberdade de pensamento e de ação, em todos os planos da vida terrestre, sem nenhuma das limitações naturais que caracterizam os encarnados e os desencarnados deste planeta. Dominando por completo todas as leis da natureza terrícola, por ele mesmo implantadas no orbe cuja estruturação presidiu, Jesus não tinha qualquer dificuldade para usar e combinar as essências necessárias à produção dos efeitos requeridos pelo seu trabalho messiânico.

Considere-se, ademais, que o Divino Mestre comandava legiões espirituais, sempre prontas, aptas e atentas às suas ordenações, para a execução de todos os serviços de apoio ao seu messianato. A peregrinação messiânica de Jesus não poderia ter sido improvisada. Longuíssima e extremamente minuciosa foi a sua preparação, pois os poucos anos terrestres de sua jornada na Crosta deviam marcar, como efetivamente ocorreu, o grande divisor das eras da História Humana e a luminosa semente de um mundo regenerado, que haveria de germinar e crescer, lenta mas inapelavelmente, para dar, por fim, nos milênios futuros, os seus frutos sazonados de felicidade e de paz.

O patriarca José, a Mãe Maria, o sacerdote Zacarias e sua esposa Isabel, conheciam desde o começo a natureza extracarnal do Mestre Divino. Desde logo, o Batista teve disso a clara intuição. João Evangelista desvelou o seu testemunho a esse respeito. Paulo de Tarso sabia-o, e o disse com clareza em sua epístola aos hebreus. Ao longo dos séculos, Espíritos de escol assim demonstraram entendê-lo e senti-lo, acima das contingências comuns da Humanidade.

O próprio Kardec, meritório Codificador do Espiritismo, apesar das reservas com que considerou, na ocasião, o que chamou de hipótese, referiu-se a Jesus nestes termos, no capítulo quinze de sua "Gênese":

"Sem nada prejulgar quanto à natureza do Cristo, natureza cujo exame não entra no quadro desta obra, considerando-o apenas um Espírito superior, não podemos deixar de reconhecê-lo um dos de ordem mais elevada e colocado, por suas virtudes, muitíssimo acima da humanidade terrestre. Pelos imensos resultados que produziu, a sua encarnação neste mundo forçosamente há de ter sido uma dessas missões que a Divindade somente a seus mensageiros diretos confia, para cumprimento de seus desígnios. Mesmo sem supor que ele fosse o próprio Deus para transmitir sua palavra aos homens, seria mais do que um profeta, porquanto seria um Messias Divino."

Mas agora diz-nos Emmanuel, no prefácio do livro "Nos domínios da mediunidade", de André Luiz, que

"Desde o último quartel do século passado, a Terra se converteu num reino de ondas e raios, correntes e vibrações. A eletricidade e o magnetismo, o movimento e a atração palpitam em tudo. O estudo dos raios cósmicos evidencia as fantásticas energias espalhadas no Universo, provendo os físicos de poderosíssimo instrumento para a investigação dos fenômenos atômicos e subatômicos. Bohrs, Planck, Einstein erigem novas e grandiosas concepções. O veículo carnal agora não é mais que um turbilhão eletrônico, regido pela consciência. Cada corpo tangível é um feixe de energia concentrada. A matéria é transformada em energia, e esta desaparece para dar lugar à matéria. Químicos e físicos, geômetras e matemáticos, erguidos à condição de investigadores da verdade, são hoje, sem o desejarem, sacerdotes do Espírito, porque, como conseqüência de seus porfiados estudos, o materialismo e o ateísmo serão compelidos a desaparecer, por falta de matéria, a base que lhes assegurava as especulações negativistas. O futuro pertence ao Espírito!"

Então agora, na plenitude dos tempos chegados, podemos e devemos proclamar abertamente verdades que não mais assustam, tirando a luz de sob o alqueire e pondo-a no velador, a fim de que brilhe para todos.

Às vésperas do aparecimento humanizado do Agênere Sublime, foi profunda a comoção de todo o organismo planetário. O Espírito Humberto de Campos, no primeiro capítulo do seu "Boa Nova", ditado ao abençoado Chico Xavier, assinala com muita propriedade e beleza como a simples aproximação da "Esfera do Cristo" modificou a própria contextura política e cultural do Império Romano, durante o parêntese de paz que foi a "era de Augusto", marchetada de brilhantes inteligências como Vergílio, Horácio, Ovídio, Salústio, Tito Lívio e Mecenas. É que essa "Esfera do Cristo", que se aproximava da Terra, não era senão a gloriosa caravana da Equipe do Messias, a fulgurante constelação daquelas almas sublimes que se encarnariam no mundo para colaborar com o Senhor na plantação do Evangelho. Foram muitos e, dentre eles, José e Maria, Isabel e Zacarias, o Batista e Simeão, Ana e Simão Pedro, João e Tiago Boanerges, André e Felipe, Tomé e Bartolomeu, Mateus e Tiago, Tadeu e Simão, Judas e Jairo, Lázaro, Maria e Marta, Bartimeu e Nicodemos, Zaqueu, Marcos e Barnabé, Paulo e Estêvão...

Os céus pareciam abrir-se sobre a Terra, em fenômenos mediúnicos de elevada expressão. O angélico Gabriel avisou a Zacarias da vinda do Batista e anunciou a Maria o advento do Mestre. Milícias celestes mostraram-se no campo a modestos pastores, cantando glórias a Deus. Fulguração estelar guiou magos orientais à manjedoura de Belém. José foi avisado em sonho da matança ordenada por Herodes e orientado a tomar, com a família, o caminho do Egito. João Batista, às margens do Jordão, viu as potências celestes homenagearem o Senhor.

Durante todo o tempo de sua trajetória messiânica, sinais inequívocos de grandeza e glória espiritual se multiplicaram na presença, nos ensinos e nos exemplos do Mestre, para que a sua mensagem de vida eterna jamais fosse esquecida. Quando o Batista enviou seus discípulos ao Senhor, para dele indagarem se era o Cristo, pôde Jesus responder-lhes: "Os cegos vêem, os surdos ouvem, os paralíticos andam, os leprosos são curados e aos pobres é anunciado o Evangelho."

Eram as provas iniludíveis do seu messianato de amor, as marcas da sua glória, os seus sinais.

III – OS ENSINOS

Dentre os traços mais característicos que assinalam as grandes almas, a honestidade e o desprendimento sempre parecem sobressair, ressaltando o amor incondicional à verdade e a completa ausência de egoísmo.

Ao lermos as páginas lustrais dos Evangelhos, é emocionante constatarmos o amor supremo e constante que Jesus revela pelo Pai Celeste:

"Eu e o Pai somos um. Estou nele e ele em mim. Ninguém conhece o Filho senão o Pai, e ninguém conhece o Pai senão o Filho. O Pai ama o Filho e tudo confiou às suas mãos. Tudo o que é dele é meu.

Meu Pai trabalha sempre, e eu trabalho também.

Pai, santificado seja o teu nome, venha o teu reino!

Todo aquele que meu Pai me dá virá a mim, e eu de modo algum o lançarei fora. Honro a meu Pai, e se alguém me servir, meu Pai o honrará.

Sede perfeitos como é o vosso Pai Celeste. Se vós, que sois maus, sabeis dar boas dádivas aos vossos filhos, quanto mais vosso Pai que está nos céus. Sede misericordiosos como o vosso Pai.

Pai, nas tuas mãos entrego o meu espírito!

O Filho do Homem há de vir na glória do seu Pai, com os seus anjos, e então retribuirá a cada um conforme as suas obras.

Pai, tudo te é possível!
Subo para meu Pai e vosso Pai, meu Deus e vosso Deus.
Meu Pai é maior do que eu."
(Mateus, 5:48, 7:11, 11:27, 16:27; Marcos, 14:36; Lucas, 6:36, 11:12, 23:34, 23:36; e João, 5:17, 6:37, 8:49, 12:26, 14:2, 10 a 28, 16:15 e 20:17.)

Em sua íntima comunhão com o Pai Criador, nosso divino Mestre foi o modelo perfeito da completa obediência ao Supremo Senhor, a quem sempre fez questão de testemunhar fidelidade filial absoluta. "Quem fala por si mesmo — disse — está procurando a sua própria glória; mas o que procura a glória de quem o enviou, esse é verdadeiro." E acrescentou:

"Não vim de moto próprio, vim de Deus, que me enviou. Não falo por mim mesmo: digo no mundo o que aprendi de meu Pai, o que ele me ordenou anunciar. Quem é de Deus ouve as palavras de Deus. As palavras que vos digo são espírito e vida." (João, 6:63, 8:28, 42 a 47, e 13:49 e 50.)

E o que Jesus ensinou?

"Bem-aventurados os humildes de espírito, porque deles é o reino dos céus. Bem-aventurados os que choram, porque serão consolados. Bem-aventurados os mansos, porque herdarão a terra. Bem-aventurados os que têm fome e sede de justiça, porque serão fartos. Bem-aventurados os misericordiosos, porque alcançarão misericórdia. Bem-aventurados os limpos de coração, porque verão a Deus. Bem-aventurados os pacificadores, porque serão chamados filhos de Deus. Bem-aventurados os perseguidos por causa da justiça, porque deles é o reino dos céus. Bem-aventurados sereis quando, por minha causa, vos injuriarem e vos perseguirem e, mentindo, disserem todo mal contra vós. Regozijai-vos e exultai, porque será grande o vosso galardão nos céus, pois assim perseguiram aos profetas que viveram antes de vós. Amai os vossos inimigos, fazei o bem aos que vos odeiam, bendizei os que vos maldizem, orai pelos que vos insultam. Ao que vos bate numa face, oferecei também a outra; ao que vos arranca o manto, não recuseis a túnica. Dai ao que vos pedir e nada reclameis de quem vos tirar o que é vosso. Como quereis que os homens vos façam, assim fazei-lhes vós a eles. Sede misericordiosos, como vosso Pai é misericordioso. Não julgueis, e não sereis julgados; não condeneis e não sereis condenados; perdoai e sereis perdoados. Dai e dar-se-vos-á: derramarão em vosso regaço uma medida boa, calcada e transbordante, porque a medida com que medirdes os outros será a mesma com que vos medirão a vós. A árvore se conhece pelo seu fruto. Não se colhem figos dos espinheiros, nem se vindimam uvas dos abrolhos. Brilhe a vossa luz diante dos homens, para que vejam as vossas boas obras e glorifiquem a vosso Pai que está nos céus. Se ao trazerdes ao altar a vossa oferta, ali vos lembrardes de que vosso irmão tem alguma coisa contra vós, deixai perante o altar a vossa oferta, ide primeiro reconciliar-vos com o vosso irmão, e depois, voltando, fazei vossa oferenda. Guardai-vos de exercer a vossa justiça diante dos homens, com o fim de serdes vistos por eles. Quando derdes esmola, não toqueis trombeta diante de vós, como fazem os hipócritas, nas sinagogas e nas ruas, para serem glorificados. Não saiba a vossa mão direita o que faz a esquerda, para que a vossa esmola fique em segredo; e vosso Pai, que vê o que se passa em segredo, vos recompensará. Quando orardes, entrai no vosso quarto e, fechada a porta, falai com o vosso Pai. Quando jejuardes, não vos mostreis contristados, como os que desfiguram o rosto para ser honrados pelos outros. Não acumuleis para vós tesouros na terra, onde a traça e a ferrugem podem corroê-los e onde os ladrões podem roubá-los, mas ajuntai tesouros no céu, porque onde estiver o vosso tesouro, aí estará também o vosso coração. Dai de graça o que de graça recebeis. Não se perturbe o vosso coração: credes em Deus, crede também em mim. Na casa do meu Pai há muitas moradas... Se me amais, guardai o meu mandamento. Meu mandamento é este: que vos ameis uns aos outros, como eu vos amei. Não vos deixarei órfãos. A paz vos deixo, a minha paz vos dou. Não vo-la dou como a dá o mundo. Não desfaleça, pois, o vosso coração. Permanecei no meu amor. Quando vier o Consolador, que eu enviarei da parte do Pai, o Espírito da Verdade dará testemunho de mim. Tenho ainda muito o que vos dizer, mas vós não o podeis suportar ainda. Quando vier, porém, o Espírito da Verdade, ele vos guiará a toda a verdade, porque não falará por si mesmo, mas dirá tudo quanto houver ouvido de mim e vos anunciará as coisas que hão de vir. Os reis dos povos dominam sobre eles e os que exercem autoridade são chamados de benfeitores. Mas, entre vós, o maior será o que se fizer servo de todos e aquele que dirige será como o que serve. Entre vós, eu sou aquele que serve. Andai enquanto tendes luz, para que as trevas não vos apanhem. Quem anda nas trevas não sabe para onde vai. Eu sou a luz do mundo, mas se alguém ouvir as minhas palavras e não as guardar, eu não o julgarei, porque não vim para julgar o mundo e sim para salvá-lo. Quem me rejeita e não recebe as minhas palavras tem quem o julgue, porque a própria palavra que digo o julgará no último dia. Se eu, sendo Mestre e Senhor, vos lavo os pés, deveis lavar-vos os pés uns aos outros. Eu vos dei o exemplo, para que, como vos fiz, façais vós também. Em verdade vos digo que não é o servo maior que o seu senhor, nem o enviado maior que aquele que o enviou. Se, pois, sabeis essas coisas, bem-aventurados sereis se as praticardes."

IV — AS PARÁBOLAS

Nada é mais maravilhoso ou mais tocante do que a singeleza incomparável das pequeninas histórias que Jesus contou:

Os dois filhos

Um homem tinha dois filhos. Disse ao primeiro: Filho, vai trabalhar na minha vinha. Ele respondeu: Não quero, e foi. Disse o mesmo ao segundo, que prometeu: Irei, senhor; e não foi. Qual deles fez a vontade do pai? O primeiro — disseram os sacerdotes. Disse-lhes então Jesus: Em verdade vos afirmo que os publicanos e as meretrizes entrarão primeiro do que vós no reino de Deus, porque João veio a vós no caminho da justiça, e não lhe destes crédito, mas as pecadoras e os publicanos deram; e nem vendo isso vos arrependestes. (Mateus, 21:28 a 32.)

O bom samaritano

Um homem descia de Jerusalém para Jericó quando caiu nas mãos de salteadores, que o despiram, o espancaram, e se foram, deixando-o semimorto. Um sacerdote que descia pelo mesmo caminho viu-o e passou de largo. Também um levita avistou-o e seguiu adiante, mas um samaritano, que ia de viagem, compadeceu-se dele, pensou-lhe as feridas e levou-o a uma hospedaria. Qual dos três foi o próximo daquele homem? Um doutor da lei respondeu: O que foi misericordioso. Disse-lhe então Jesus: vai e faze o mesmo. (Lucas, 10:30 a 37.)

O semeador

O semeador saiu a semear. Uma porção das sementes foi cair na beira do caminho, e as aves as comeram. Outra porção caiu em lugares pedregosos, onde havia pouca terra; brotaram, mas quando o Sol despontou, secaram por falta de raízes. Outra parte delas caiu entre espinheiros e foram por eles sufocadas, mas as sementes que caíram em boa terra deram frutos, havendo grãos que renderam, cem, outros sessenta e outros trinta por um. A semente é a palavra de Deus. Se alguém não a entende, o Maligno a retira do seu coração. Essa é a semente que caiu à beira do caminho. Quem recebe a palavra com alegria, mas nela só crê até que sobrevenha alguma tribulação, é como a terra pedregosa, onde a semente não consegue criar raiz. Quem ouve a palavra de Deus, mas deixa que os cuidados e as seduções do mundo a tornem infrutífera, é como a terra onde os espinheiros sufocam a semente. Boa terra é quem ouve a palavra divina e a entende, para que ela frutifique, produzindo a cento, a sessenta e a trinta por um. (Mateus, 13:3 a 8; 19:23; Marcos, 4:3 a 8; 14:20; Lucas, 8:5 a 8 e 11:15.)

As dez virgens

Dez virgens tomaram suas lâmpadas e saíram ao encontro do noivo. Cinco eram insensatas e cinco prudentes.

As insensatas não levaram azeite consigo, mas as prudentes levaram azeite em suas vasilhas. Como o noivo tardasse, todas adormeceram, mas à meia-noite ouviram um grito: Eis o noivo! Ide ao seu encontro! Então, as insensatas disseram às prudentes: Emprestai-nos do vosso azeite, porque nossas lâmpadas estão se apagando. Estas responderam: Ide aos que o vendem, pois o que temos não é suficiente para nós e para vós. Enquanto as insensatas foram comprar o azeite, chegou o noivo, e as que estavam à sua espera foram com ele para as bodas. Quando as outras chegaram, puseram-se a clamar: Senhor, abre-nos a porta!, mas ele respondeu: Não vos conheço. Portanto, disse Jesus, vigiai, porquanto não sabeis o dia nem a hora.

O grão de mostarda

O Reino de Deus é semelhante a um grão de mostarda. Ao ser lançado ao solo é a menor das sementes, mas quando cresce torna-se a maior das hortaliças, de tal modo que as aves do céu podem aninhar-se em seus ramos. (Mateus, 13:31 e 32.)

O fermento

O Reino dos Céus é como o fermento que uma mulher escondeu em três medidas de farinha, e levedou toda a massa. (Mateus, 13:33.)

O tesouro

O Reino Divino é também semelhante ao tesouro que um homem achou, escondeu num campo, e foi vender tudo o que possuía para comprar aquele campo.

A pérola

O Reino Celeste assemelha-se igualmente a um negociante de pérolas, que tendo encontrado uma de grande valor, vendeu todas as que possuía e a comprou.

A rede

O Reino de Deus é como uma rede que, lançada ao mar, apanhou peixes de toda espécie. Trazida para a praia, os pescadores puseram os peixes bons em cestos e deitaram fora os ruins. Porque assim será no fim do mundo: os anjos separarão, os maus dos justos, e os lançarão na fornalha de fogo, onde haverá choro e ranger de dentes. (Mateus, 13:47 a 50.)

A figueira estéril

Um homem tinha em sua vinha uma figueira que não dava frutos. Disse então ao viticultor: Há três anos esta figueira não dá frutos; corta-a, para que não ocupe a terra inutilmente. Pediu-lhe, porém, o viticultor: Senhor, deixa que eu cave em volta dela e lhe deite estrume; se não der fruto dentro de um ano, então corta-la-ás. (Lucas, 13:6 a 9.)

O filho pródigo

Um homem tinha dois filhos. Disse o mais moço ao seu pai: Dá-me a parte da herança que me toca. Ele repartiu seus haveres entre ambos. O mais moço, ajuntando o que lhe coube, partiu para país distante, e lá dissipou todos os seus bens, vivendo dissolutamente. Ao passar necessidades, empregou-se como guardador de porcos, na esperança de comer também da comida deles, mas não lhe permitiram partilhá-la. Caindo em si, disse a si mesmo: Os jornaleiros de meu pai têm pão com fartura, e eu aqui morro de fome. Irei, portanto, a meu pai, e lhe direi: Pai, pequei contra o céu e contra ti, e já não sou digno de ser chamado teu filho; mas te peço que me trates como o fazes aos teus criados. Estando ainda longe, seu pai o avistou, compadeceu-se dele, correu ao seu encontro e o abraçou e beijou. Disse depois aos seus servos: Trazei depressa a melhor roupa e vesti-lha; trazei também o novilho cevado, matai-o e nos regozijemos. Quando o filho mais velho chegou do campo, e ouviu música e rumor de danças, indagou aos criados o que acontecia. Disseram-lhe eles: Teu irmão chegou, e teu pai mandou matar o novilho cevado, porque o recuperou com saúde. Ele então se indignou e não quis entrar em casa, mas seu pai rogou-lhe que entrasse. Então ele se queixou, dizendo: Pai, faz anos que te sirvo, e nunca me deste um cabrito. Replicou-lhe o pai: Filho, tu sempre estás comigo, e tudo o que é meu é teu; mas teu irmão estava morto e reviveu, estava perdido e foi encontrado. (Lucas, 15:11 a 32.)

O administrador infiel

Um homem rico tinha um administrador que lhe foi denunciado como esbanjador dos seus bens. Chamou-o e disse: Que ouço dizer de ti? Dá-me contas de tua administração, pois já não poderás continuar sendo meu administrador. Este pensou então: Que hei de fazer, já que meu amo me tira a administração? Não tenho forças para cavar, e de mendigar tenho vergonha. Mas, já sei o que fazer para que, quando for despedido do meu emprego, me recebam em suas casas. Chamou cada um dos devedores do seu amo e perguntou ao primeiro: Quanto deves ao meu patrão? Ele respondeu: Cem medidas de azeite. Disse-lhe então: Toma a tua conta, senta-te depressa e escreve cinqüenta. Depois, perguntou a outro: E tu, quanto deves? Cem alqueires de trigo — respondeu. Disse-lhe: Toma a tua conta e escreve oitenta. O amo louvou o administrador infiel, por haver procedido prudentemente, pois os filhos deste mundo são, em sua geração, mais prudentes do que os filhos da luz. Eu vos digo: Granjeai amigos com as riquezas da iniqüidade, para que, quando elas vos faltarem, vos recebam eles nas moradas eternas. (Lucas, 16:1 a 9.)

O mau juiz

Havia em certa cidade um mau juiz que não temia a Deus nem respeitava os homens, e uma viúva que insistia com ele, dizendo: Defende-me do meu adversário. Ele não a queria atender, mas pensou consigo mesmo: Farei justiça a essa viúva, para que ela não me desprestigie com a sua insistência inoportuna. Ouvi — disse Jesus, o que disse a si mesmo esse juiz injusto, porque Deus, que é justo, não deixará de fazer justiça aos que por ele clamam dia e noite. Digo-vos que bem depressa os atenderá. (Lucas, 18:2 a 8.)

O joio

O Reino dos Céus é semelhante a um homem que semeou boa semente no seu campo, mas enquanto os homens dormiam veio um inimigo dele, semeou joio no meio do trigo e retirou-se. Quando a erva cresceu e deu fruto, apareceu também o joio. Os servos do dono do campo indagaram: Senhor, não semeaste boa semente no teu campo? donde vem o joio? Ele respondeu: Foi o inimigo que fez isso. Queres então que o arranquemos? — os servos perguntaram. Não —, respondeu ele, para que não suceda que, tirando o joio, arranqueis com ele o trigo. Deixai que fiquem juntos até a ceifa. No tempo da colheita direi aos ceifeiros: Ajuntai primeiro o joio e atai-o em feixes para ser queimado, e depois recolhei o trigo em meu celeiro. Aquele que semeia a boa semente é o Filho do Homem; o campo é o mundo; a boa semente são os filhos do reino; o joio são os filhos do maligno; o inimigo que o semeou é o demônio; o tempo da colheita é o fim do mundo; e os ceifeiros são anjos. Do mesmo modo que o joio é ajuntado e queimado no fogo, assim será no fim do mundo. O Filho do Homem enviará seus anjos, e eles ajuntarão do seu reino tudo o que for causa de escândalo e os que cometem injustiça, e os lançarão na fornalha de fogo. Então, os justos brilharão como o Sol no reino do Eterno Pai. (Mateus, 13:24 a 30 e 37 a 43.)

O credor incompassivo

O Reino dos Céus é semelhante a um rei que decidiu fazer contas com os seus servos. Um deles lhe devia dez mil talentos e não tinha como pagá-los. Então o rei ordenou que fossem vendidos ele, sua mulher, seus filhos e tudo quanto possuía, para pagamento da dívida. Prostrado a seus pés, o servo rogou: Senhor, tem paciência comigo, que te pagarei tudo. O rei, compadecido, perdoou-lhe a dívida. Saindo dali, o mesmo servo encontrou um outro que lhe devia pouco dinheiro, e sufocou-o, dizendo: Paga o que me deves. Caindo-lhe aos pés, o devedor implorou: Tem paciência comigo, que te pagarei tudo. Ele, porém, não o atendeu, e mandou prendê-lo até que pagasse a dívida. Vendo o que se passou, os outros servos foram contar ao rei o acontecido. Então, o rei mandou chamar o servo a quem havia perdoado, e disse: Servo malvado, eu te perdoei toda aquela dívida, porque me pediste. Não devias também ter compaixão do teu companheiro, como eu tive de ti? E irritado, entregou-o aos verdugos, até que lhe pagasse toda a dívida. Também assim meu Pai vos fará, se do íntimo do coração não perdoardes aos vossos semelhantes. (Mateus, 18:23 a 35.)

O ricaço e o mendigo

Certo homem rico vestia-se de púrpura e de linho, e se banqueteava diariamente. Ansioso pelas migalhas que caíam de sua mesa, jazia à sua porta um mendigo, chamado Lázaro, tão coberto de chagas, que os cães vinham lamber-lhe as úlceras. Morreu o mendigo, e foi transportado pelos anjos ao seio de Abraão. Morreu também o rico, e foi sepultado. No Hades, estando em tormentos, viu ao longe Abraão, e Lázaro em seu seio. Então pôs-se a clamar: Pai Abraão, compadece-te de mim, e manda que Lázaro molhe a ponta de seu dedo e venha refrescar-me a língua, porque sofro muito nestas chamas. Abraão, porém, lhe respondeu: Recebeste muitos bens na vida e nada repartistes, por isso sofres. Lázaro muito padeceu e por isso é agora consolado. Além disso, é muito grande o abismo que nos separa e ninguém pode passar de lá para cá, nem daqui para aí. Ouvindo isso, o rico suplicou: Peço-te então que mandes Lázaro à minha casa, para avisar aos meus cinco irmãos, a fim de que eles não venham também para este lugar de tormentos. Disse-lhe Abraão: Eles têm Moisés e os Profetas, que os ouçam. Não, Pai Abraão — tornou o rico —, eles não os ouvirão, mas se algum defunto for ter com eles, hão de arrepender-se. Respondeu-lhe Abraão: Se não ouvem a Moisés e aos Profetas, tampouco acreditarão, mesmo que alguém se levante dentre os mortos. (Lucas, 16:19 a 31.)

Os primeiros e os últimos

O Reino dos Céus se parece a um proprietário que saiu de madrugada para assalariar trabalhadores para a sua vinha. Tendo ajustado com os primeiros o pagamento de um denário por dia, mandou-os para a sua vinha. Saindo por volta das nove horas, e vendo outros na praça, desocupados, disse-lhes: Ide também vós para a minha vinha; e eles foram. Saiu outra vez, no meio do dia, e outra vez às quinze horas, e fez o mesmo. Cerca das dezessete horas tornou a sair, e encontrando outros desocupados que lá estavam, perguntou-lhes: Por que passais todo o dia desocupados? Responderam: Porque ninguém nos assalariou. Ide então para a minha vinha — disse-lhes. À noitinha, mandou o proprietário que o seu administrador pagasse os salários a todos os trabalhadores, começando pelos últimos e terminando pelos primeiros. Vendo os que haviam chegado às dezessete horas receberam um denário cada um, os que tinham trabalhado desde as primeiras horas do dia imaginaram que receberiam mais. Ao serem remunerados com igual quantia, insurgiram-se contra o patrão, dizendo: Nós suportamos o peso e o calor do dia, e no entanto recebemos o mesmo que os que trabalharam apenas uma hora. Disse-lhes, porém, o patrão: Não ajustei convosco o pagamento de um denário? E não vos paguei o que ajustamos? Tomai, pois, o que é vosso, e não vos preocupeis com o que pago aos outros, porque me é lícito fazer o que me agrada com o que é meu.

Ou será que o vosso olho é mau porque sou bom? É assim que os últimos podem ser os primeiros e os primeiros podem ser os últimos. (Mateus, 20:1 a 16.)

A grande ceia

O Reino dos Céus é semelhante a um rei que celebrou as bodas do seu filho e mandou que os seus servos chamassem os convidados para a festa. Não querendo estes comparecer, o rei enviou-lhes outros servos para renovar-lhes o convite, mas eles os ultrajaram e os mataram. Disse então o rei aos seus serviçais: já que as bodas estão preparadas e os convidados não foram dignos, ide às encruzilhadas dos caminhos e chamai os pobres, os aleijados, os cegos e os coxos que encontrardes. Tendo ficado cheia a sala nupcial, nela entrou o rei para ver os convivas, e notou ali um homem que não trajava veste adequada. Perguntou-lhe então: Como aqui entraste sem veste nupcial? Como ele nada pudesse responder, mandou o rei que os servos lhe atassem as mãos e os pés e o lançassem nas trevas exteriores, porque muitos são os chamados, mas nem todos são os escolhidos. (Mateus, 22:2 a 14 e Lucas, 14:16 a 24.)

Os maus lavradores

Um homem plantou uma vinha, cercou-a com sebe, cavou um lagar, edificou uma torre, arrendou a vinha a uns lavradores e retirou-se para longe. No tempo da colheita enviou um servo aos lavradores para receber o que lhe deviam do fruto da vinha, mas eles o açoitaram e o enxotaram sem dar-lhe coisa alguma. Fizeram também o mesmo a outro servo que lhes foi mandado. Então o dono da vinha lhes enviou seu próprio filho, pensando que a ele os devedores respeitariam, mas eles disseram: Este é o herdeiro; se o matarmos, a herança será nossa. E o mataram. Quando chegar o próprio dono da vinha, que fará àqueles lavradores? Exterminá-los-á e entregará a vinha a outros. (Mateus, 21:33 a 41, Marcos, 12:1 a 9 e Lucas, 20:9 a 16.)

Os talentos

Certo homem nobre partiu para uma terra distante, a fim de tomar posse de um reino. Antes de partir, chamou seus servos e confiou-lhes os seus bens. A um deu cinco talentos, a outro dois, e a um outro um, para que os administrassem conforme as suas capacidades. O que recebeu cinco talentos logo negociou e ganhou outros cinco. De igual modo, o que recebeu dois, ganhou outros dois, mas o que recebeu apenas um escondeu o dinheiro numa cova, com medo de perdê-lo. Quando o senhor regressou, os que tinham recebido cinco e dois talentos os devolveram juntamente com os lucros ganhos. Disse-lhes o senhor: Como fostes fiéis no pouco, muito mais vos confiarei. Mas o que tinha recebido apenas um talento, disse: Aqui tens, Senhor, o que me confiaste e que zelosamente guardei para não perdê-lo, pois sei que és homem severo, que ceifas onde não semeaste e ajuntas o que não espalhas. Respondeu-lhe o Senhor: Servo mau e negligente, se sabias disso, por que não entregaste o dinheiro aos banqueiros, para que me fossem dados, na minha volta, os juros do que me pertencia? Tirou-lhe, pois, o talento, e deu-o ao que recebera dez, porque a todo o que tem, ainda mais se lhe dará, e do que não tem, até o que tem lhe será tirado. (Mateus, 25:14 a 29 e Lucas, 19:12 a 26.)

Essas parábolas singelas são tão claras que dispensam doutas interpretações, e tão atuais como o foram há dois mil anos, pois ainda hoje o mundo está repleto de governantes e governados, patrões e serviçais, ricos e pobres, operários e capatazes, fiscais de impostos e meretrizes, administradores e sacerdotes, pecadores e letrados, juízes e pescadores, sãos e enfermos, autóctones e estrangeiros, bons e maus. O que eram *talentos*, hoje são *dólares*, e o que eram *denários*, são agora *cents*. Os sacerdotes têm hoje em dia diversas outras denominações, mas exercem o mesmo ofício. Os fariseus de outrora possuem presentemente outras titulações, outros dogmas e vestes diferentes, mas o espírito que os anima é ainda o mesmo. O progresso material e tecnológico da humanidade mudou bem pouco os sentimentos humanos, e as lições de Jesus causam ainda as mesmas reações de antigamente, vinte séculos depois.

V — AS CURAS

5.1 — Introdução

O Messias Divino veio a este mundo na condição de Mestre, para ensinar, com palavras e exemplos, o caminho para a felicidade imperecível, o caminho da sabedoria, da verdade, do amor e da paz. Fez isso sempre, todo o tempo e em todas as ocasiões. Apesar disso, não se poderia imaginar que um Espírito Angélico, ao contacto direto com a imensa miséria humana, não se compadecesse dos sofrimentos físicos das multidões que o cercavam. Naturalmente, não iria o Divino Pastor violar a ordem natural dos méritos de cada um, violentando processos cármicos decorrentes da lei divina, justa, necessária e soberana; mas isso não o impediu de curar ou aliviar a dor dos sofredores que o procuravam e o seguiam.

5.2 — Relatos dos Evangelistas

Instrutivos e comoventes são os relatos dos Evangelistas, ao descreverem esses episódios de misericórdia e de poder. E ninguém melhor do que Allan Kardec para apresentá-los e comentá-los. Por isso, rogamos licença à Federação Espírita Brasileira para transcrever aqui o que consta, a esse respeito, do livro "A Gênese", do glorioso Codificador do Espiritismo:

"CURAS

Perda de sangue

— Então, uma mulher, que havia doze anos sofria de uma hemorragia; — que sofrera muito nas mãos dos médicos e que, tendo gasto todos os seus haveres, nenhum alívio conseguira, — como ouvisse falar de Jesus, veio com a multidão atrás dele e lhe tocou as vestes, porquanto, dizia: Se eu conseguir ao menos lhe tocar nas vestes, ficarei curada. — No mesmo instante o fluxo sangüíneo lhe cessou e ela sentiu em seu corpo que estava curada daquela enfermidade.

Logo, Jesus *conhecendo em si mesmo a virtude que dele saíra,* se voltou no meio da multidão e disse: Quem me tocou as vestes? — Seus discípulos lhe disseram: Vês que a multidão te aperta de todos os lados e perguntas quem te tocou? — Ele olhava em torno de si à procura daquela que o tocara.

A mulher, que sabia o que se passara em si, tomada de medo e pavor, veio lançar-se-lhe aos pés e lhe declarou toda a verdade. — Disse-lhe Jesus: Minha filha, tua fé te salvou; vai em paz e fica curada da tua enfermidade. (S. Marcos, cap. V, vv. 25 a 34.)

— Estas palavras: *conhecendo em si mesmo a virtude que dele saíra,* são significativas. Exprimem o movimento fluídico que se operara de Jesus para a doente; ambos experimentaram a ação que acabara de produzir-se. É de notar-se que o efeito não foi provocado por nenhum ato da vontade de Jesus; não houve magnetização, nem imposição das mãos. Bastou a irradiação fluídica normal para realizar a cura.

Mas, por que essa irradiação se dirigiu para aquela mulher e não para outras pessoas, uma vez que Jesus não pensava nela e tinha a cercá-lo a multidão?

É bem simples a razão. Considerado como matéria terapêutica, o fluido tem que atingir a matéria orgânica, a fim de repará-lo; pode então ser dirigido sobre o mal pela vontade do curador, ou atraído pelo desejo ardente, pela confiança, numa palavra: pela fé do doente. Com relação à corrente fluídica, o primeiro age como uma bomba calcante e o segundo como uma bomba aspirante. Algumas vezes, é necessária a simultaneidade das duas ações; doutras, basta uma só. O segundo caso foi o que ocorreu na circunstância de que tratamos.

Razão, pois, tinha Jesus para dizer: "Tua fé te salvou." Compreende-se que a fé a que ele se referia não é uma virtude mística, qual a entendem muitas pessoas, mas uma verdadeira *força atrativa*, de sorte que aquele que não a possui opõe à corrente fluídica uma força repulsiva, ou, pelo menos, uma força de inércia, que paralisa a ação. Assim sendo, também se compreende que, apresentando-se ao curador dois doentes da mesma enfermidade, possa um ser curado e outro não. É este um dos mais importantes princípios da mediunidade curadora e que explica certas anomalias aparentes, apontando-lhes uma causa muito natural.

Cego de Betsaida

— Tendo chegado a Betsaida, trouxeram-lhe um cego e lhe pediam que o tocasse. Tomando o cego pela mão, ele o levou para fora do burgo, passou-lhe saliva nos olhos e, havendo-lhe imposto as mãos, lhe perguntou se via alguma coisa. — O homem, olhando, disse: Vejo a andar homens que me parecem árvores. — Jesus lhe colocou de novo as mãos sobre os olhos e ele começou a ver melhor. Afinal, ficou tão perfeitamente curado, que via distintamente todas as coisas. — Ele o mandou para casa, dizendo-lhe: vai para tua casa; se entrares no burgo, a ninguém digas o que se deu contigo. (S. Marcos, cap. VIII, vv. 22 a 26.)

Aqui, é evidente o efeito magnético; a cura não foi instantânea, porém gradual e conseqüente a uma ação prolongada e reiterada, se bem que mais rápida do que na magnetização ordinária. A primeira sensação que o homem teve foi exatamente a que experimentam os cegos ao recobrarem a vista. Por um efeito de óptica, os objetos lhes parecem de tamanho exagerado.

Paralítico

— Tendo subido para uma barca, Jesus atravessou o lago e veio à sua cidade (Cafarnaum). — Como lhe apresentassem um paralítico deitado em seu leito, Jesus, notando-lhe a fé, disse ao paralítico: Meu filho, tem confiança; perdoados te são os teus pecados.

Logo alguns escribas disseram entre si: Este homem blasfema. — Jesus, *tendo percebido o que eles pensavam*, perguntou-lhes: Por que alimentais maus pensamentos em vossos corações? — Pois, que é mais fácil dizer: — Teus pecados te são perdoados, ou dizer: Levanta-te e anda?

Ora, para que saibais que o Filho do homem tem na Terra o poder de remitir os pecados: Levanta-te, disse então ao paralítico, toma o teu leito e vai para tua casa.

O paralítico se levantou imediatamente e foi para sua casa. Vendo aquele milagre, o povo se encheu de temor e rendeu graças a Deus, por haver concedido tal poder aos homens. (S. Mateus, cap. IX, vv. 1 a 8.)

— Que significariam aquelas palavras: "Teus pecados te são remitidos" e em que podiam elas influir para a cura? O Espiritismo lhes dá a explicação, como a uma infinidade de outras palavras incompreendidas até hoje. Por meio da pluralidade das existências, ele ensina que os males e aflições da vida são muitas vezes expiações do passado, bem como que sofremos na vida presente as conseqüências das faltas que cometemos em existência anterior e, assim, até que tenhamos pago a dívida de nossas imperfeições, pois que as existências são solidárias umas com as outras.

Se, portanto, a enfermidade daquele homem era uma expiação do mal que ele praticara, o dizer-lhe Jesus: "Teus pecados te são remitidos" equivalia a dizer-lhe: "Pagaste a tua dívida; a fé que agora possuis elidiu a causa da tua enfermidade; conseguintemente, mereces ficar livre dela." Daí o haver dito aos escribas: "Tão fácil é dizer. Teus pecados te são perdoados, como: Levanta-te e anda." Cessada a causa, o efeito tem que cessar. É precisamente o caso do encarcerado a quem se declara: "Teu crime está expiado e perdoado", o que equivaleria a se lhe dizer: "Podes sair da prisão."

Os dez leprosos

— Um dia, indo ele para Jerusalém, passava pelos confins da Samaria e da Galiléia — e, estando prestes a entrar numa aldeia, dez leprosos vieram ao seu encontro e, conservando-se afastados, clamaram em altas vozes: Jesus, Senhor nosso, tem piedade de nós. — Dando com eles, disse-lhes Jesus: Ide mostrar-vos aos sacerdotes. Quando iam a caminho, ficaram curados.

Um deles, vendo-se curado, voltou sobre seus passos, glorificando a Deus em altas vozes; — e foi lançar-se aos pés de Jesus, com o rosto em terra, a lhe render graças. Esse era samaritano.

Disse então Jesus: Não foram curados todos dez? Onde estão os outros nove? — Nenhum deles houve que voltasse e glorificasse a Deus, a não ser este estrangeiro? — E disse a esse: Levanta-te; vai; tua fé te salvou. (S. Lucas, capítulo XVII, vv. 11 a 19.)

— Os samaritanos eram cismáticos, mais ou menos como os protestantes com relação aos católicos, e os judeus os tinham em desprezo, como heréticos. Curando indistintamente os judeus e os samaritanos, dava Jesus, ao mesmo tempo, uma lição e um exemplo de tolerância; e fazendo ressaltar que só o samaritano voltara a glorificar a Deus, mostrava que havia nele maior soma de verdadeira fé e de reconhecimento, do que nos que se diziam ortodoxos. Acrescentando: "Tua fé te salvou", fez ver que Deus considera o que há no âmago do coração e não a forma exterior da adoração. Entretanto, também os outros tinham sido curados. Fora mister que tal se verificasse, para que ele pudesse dar a lição que tinha em vista e tornar-lhes evidente a ingratidão. Quem sabe, porém, o que daí lhes haja resultado; quem sabe se eles terão se beneficiado da graça que lhes foi concedida? Dizendo ao samaritano: "Tua fé te salvou", dá Jesus a entender que o mesmo não aconteceu aos outros.

Mão seca

— Doutra vez entrou Jesus no templo e aí encontrou um homem que tinha seca uma das mãos. — E eles o observavam para ver se ele o curaria em dia de sábado, para terem um motivo de o acusar. — Então, disse ele ao homem que tinha a mão seca: Levanta-te e coloca-te ali no meio. — Depois, disse-lhes: É permitido em dia de sábado fazer o bem ou mal, salvar a vida ou tirá-la? Eles permaneceram em silêncio. — Ele, porém, encarando-os com indignação, tanto o afligia a dureza de seus corações, disse ao homem: Estende a tua mão. Ele a estendeu e ela se tornou sã.

Logo os fariseus saíram e se reuniram contra ele em conciliábulo com os herodianos, sobre o meio de o perderem. — Mas, Jesus se retirou com seus discípulos para o mar, acompanhando-o grande multidão de povo da Galiléia e da Judéia — de Jerusalém, da Iduméia e de além Jordão; e os das cercanias de Tiro e de Sídon, tendo ouvido falar das coisas que ele fazia, vieram em grande número ao seu encontro. (S. Marcos, cap. III, vv. 1 a 8.)

A mulher curvada

Todos os dias de sábado Jesus ensinava numa sinagoga. — Um dia, viu ali uma mulher possuída de um Espírito que a punha doente, havia dezoito anos; era tão curvada, que não podia olhar para cima. — Vendo-a, Jesus a chamou e lhe disse: Mulher, estás livre da tua enfermidade. — Impôs-lhe ao mesmo tempo as mãos e ela, endireitando-se, rendeu graças a Deus.

Mas, o chefe da sinagoga, indignado por haver Jesus feito uma cura em dia de sábado, disse ao povo: Há seis dias destinados ao trabalho; vinde nesses dias para serdes curados e não nos dias de sábado.

O Senhor, tomando a palavra, disse-lhe: Hipócrita, qual de vós não solta da carga o seu boi ou seu jumento em dia de sábado e não o leva a beber? — Por que então não se deveria libertar, em dia de sábado, dos laços que a prendiam, esta filha de Abraão, que Satanás conservara atada durante dezoito anos?

A estas palavras, todos os seus adversários ficaram confusos e todo o povo encantado de vê-lo praticar tantas ações gloriosas. (S. Lucas, cap. XIII, vv. 10 a 17.)

— Este fato prova que naquela época a maior parte das enfermidades era atribuída ao demônio e que todos confundiam, como ainda hoje, os possessos com os doentes, mas em sentido inverso, isto é, hoje, os que não acreditam nos maus Espíritos confundem as obsessões com as moléstias patológicas.

O paralítico da piscina

Depois disso, tendo chegado a festa dos judeus, Jesus foi a Jerusalém. — Ora, havia em Jerusalém a piscina das ovelhas, que se chama em hebreu *Betesda*, a qual tinha cinco galerias — onde, em grande número, se achavam deitados doentes, cegos, coxos e os que tinham ressecados os membros, todos à espera de que as águas fossem agitadas — Porque, o anjo do Senhor, em certa época, descia aquela piscina e lhe movimentava a água e aquele que fosse o primeiro a entrar nela, depois de ter sido movimentada a água, ficava curado, qualquer que fosse a sua doença.

Ora, estava lá um homem que se achava doente havia trinta e oito anos. — Jesus, tendo-o visto deitado e sabendo-o doente desde longo tempo, perguntou-lhe: Queres ficar curado? — O doente respondeu: Senhor, não tenho ninguém que me lance na piscina depois que a água for movimentada; e, durante o tempo que levo para chegar lá, outro desce antes de mim. — Disse-lhe Jesus: Levanta-te, toma o teu leito e vai-te. — No mesmo instante o homem se achou curado e, tomando de seu leito, pôs-se a andar. Ora, aquele dia era um sábado.

Disseram então os judeus ao que fora curado: Não te é permitido levares o teu leito. — Respondeu o homem: Aquele que me curou disse: Toma o teu leito e anda. — Perguntaram-lhe eles então: Quem foi esse que te disse: Toma o teu leito e anda? — Mas, nem mesmo o que fora curado sabia quem o curara, porquanto Jesus se retirara do meio da multidão que lá estava.

Depois, encontrando aquele homem no templo, Jesus lhe disse: Vês que foste curado; não tornes de futuro a pecar, para que te não aconteça coisa pior.

O homem foi ter com os judeus e lhes disse que fora Jesus quem o curara. — Era por isso que os judeus perseguiam a Jesus, porque ele fazia essas coisas em dia de sábado. — Então, Jesus lhes disse: Meu Pai não cessa de obrar até ao presente e eu também obro incessantemente. (S. João, cap. V. vv. 1 a 17.)

— "Piscina (da palavra latina *piscis*, peixe), entre os romanos, eram chamados os reservatórios ou viveiros onde se criavam peixes. Mais tarde, o termo se tornou extensivo aos tanques destinados a banhos em comum.

A piscina de Betesda, em Jerusalém, era uma cisterna, próxima ao Templo, alimentada por uma fonte natural, cuja água parece ter tido propriedades curativas. Era, sem dúvida, uma fonte intermitente que, em certas épocas, jorrava com força, agitando a água. Segundo a crença vulgar, esse era o momento mais propício às curas. Talvez que, na realidade, ao brotar da fonte a água, mais ativas fossem as suas propriedades, ou que a agitação que o jorro produzia na água fizesse vir à tona a vasa salutar para algumas moléstias. Tais efeitos são muito naturais e perfeitamente conhecidos hoje; mas, então, as ciências estavam pouco adiantadas e à maioria dos fenômenos incompreendidos se atribuíam uma causa sobrenatural. Os judeus, pois, tinham a agitação da água como devida à presença de um anjo e tanto mais fundadas lhes pareciam essas crenças, quanto viam que, naquelas ocasiões, mais curativa se mostrava a água.

Depois de haver curado aquele paralítico, disse-lhe Jesus: "Para o futuro não tornes a pecar, a fim de que não te aconteça coisa pior." Por essas palavras, deu-lhe a entender que a sua doença era uma punição e que, se ele não se melhorasse, poderia vir a ser de novo punido e com mais rigor, doutrina essa inteiramente conforme à do Espiritismo.

— Jesus como que fazia questão de operar suas curas em dia se sábado, para ter ensejo de protestar contra o rigorismo dos fariseus no tocante à guarda desse dia. Queria mostrar-lhes que a verdadeira piedade não consiste na observância das práticas exteriores e das formalidades; que a piedade está nos sentimentos do coração. Justificava-se, declarando: "Meu pai não cessa de obrar até ao presente e eu também obro incessantemente." Quer dizer: Deus não interrompe suas obras, nem sua ação sobre as coisas da natureza, em dia de sábado. Ele não deixa de fazer que se produza tudo quanto é necessário à vossa alimentação e à vossa saúde; eu lhe sigo o exemplo.

Cego de nascença

— Ao passar, viu Jesus um homem que era cego desde que nascera; — e seus discípulos lhe fizeram esta pergunta: Mestre, foi pecado desse homem, ou dos que o puseram no mundo, que deu causa a que ele nascesse cego? — Jesus lhes respondeu: Não é por pecado dele, nem dos que o puseram no mundo; mas, para que nele se patenteiem as obras do poder de Deus. É preciso que eu faça as obras daquele que me enviou, enquanto é dia; vem depois a noite, na qual ninguém pode fazer obras. — Enquanto estou no mundo, sou a luz do mundo.

Tendo dito isso, cuspiu no chão e, havendo feito lama com a sua saliva, ungiu com essa lama os olhos do cego — e lhe disse: Vai lavar-te na piscina de *Siloé*, que significa *Enviado*. Ele foi, lavou-se e voltou vendo claro.

Seus vizinhos e os que o viam antes a pedir esmolas diziam: Não é este o que estava assentado e pedia esmola? Uns respondiam: É ele; outros diziam: Não, é um que se parece com ele. O homem, porém, lhes dizia: Sou eu mesmo. — Perguntaram-lhe então: Como se te abriram os olhos? — Ele respondeu: Aquele homem que se chama Jesus fez um pouco de lama e passou nos meus olhos, dizendo: Vai à piscina de Siloé e lava-te. Fui, lavei-me e vejo. — Disseram-lhe: Onde está ele? Respondeu o homem: Não sei.

Levaram então aos fariseus o homem que estivera cego. — Ora, fora num dia de sábado que Jesus fizera aquela lama e lhe abrira os olhos.

Também os fariseus o interrogaram para saber como recobrara a vista. Ele lhes disse: Ele me pôs lama nos olhos, eu me lavei e vejo. — Ao que alguns fariseus retrucaram: Esse homem não é enviado de Deus, pois que não guarda o sábado. Outros, porém, diziam: Como poderia um homem mau fazer prodígios tais? Havia, a propósito, dissenção entre eles.

Disseram de novo ao que fora cego: E tu, que dizes desse homem que te abriu os olhos? Ele respondeu: Digo que é um profeta. — Mas, os judeus não acreditaram que aquele homem houvesse estado cego e que houvesse recobrado a vista, enquanto não fizeram vir o pai e a mãe dele — e os interrogaram assim: É este o vosso filho, que dizeis ter nascido cego? Como é que ele agora vê? — O pai e a mãe responderam: Sabemos que esse é nosso filho e que nasceu cego; — não sabemos, porém, como agora vê e tampouco sabemos quem lhe abriu os olhos. Interrogai-o; ele já tem idade, que responda por si mesmo.

Seu pai e sua mãe falavam desse modo, porque temiam os judeus, visto que estes já haviam resolvido em comum que *quem quer que reconhecesse a Jesus como sendo o Cristo seria expulso da sinagoga*. — Foi o que obrigou o pai e a mãe do rapaz a responderem: Ele já tem idade; interrogai-o.

Chamaram segunda vez o homem que estivera cego e lhe disseram: Glorifica a Deus; sabemos que esse homem é um pecador. Ele lhes respondeu: Se é um pecador, não sei, tudo o que sei é que estava cego e agora vejo. — Tornaram a perguntar-lhe: Que te fez ele e como te abriu os olhos? — Respondeu o homem: Já vo-lo disse e bem o ouvistes; por que quereis ouvi-lo segunda vez? Será que queirais tornar-vos seus discípulos? — Ao que eles o carregaram de injúrias e lhe disseram: Sê tu seu discípulo; quanto a nós, somos discípulos de Moisés. — Sabemos que Deus falou a Moisés, ao passo que este não sabemos donde saiu.

O homem lhes respondeu: É de espantar que não saibais donde ele é e que ele me tenha aberto os olhos. — Ora, sabemos que Deus não exalça os pecadores; mas, àquele que o honre e faça a sua vontade, a esse Deus exalça. — Desde que o mundo existe, jamais se ouviu dizer que alguém tenha aberto os olhos a um cego de nascença. — Se esse homem não fosse um enviado de Deus, nada poderia fazer de tudo o que tem feito.

Disseram-lhe os fariseus: Tu és todo pecado, desde o ventre de tua mãe, e queres ensinar-nos a nós? E o expulsaram. (S. João, cap. IX, vv. 1 a 34.)

— Esta narrativa, tão simples e singela, traz em si evidente o cunho da veracidade. Nada aí há de fantasista, nem de maravilhoso. É uma cena da vida real apanhada em fragrante. A linguagem do cego é exatamente a desses homens simples, nos quais o bom senso supre a falta de saber e que retrucam com bonomia aos argumentos de seus adversários, expendendo razões a que não faltam justeza, nem oportunidade. O tom dos fariseus, por outro lado, é o dos orgulhosos que nada admitem acima de suas inteligências e que se enchem de indignação à só idéia de que um homem do povo lhes possa fazer observações. Afora a cor local dos nomes, dir-se-ia ser do nosso tempo o fato.

Ser expulso da sinagoga equivalia a ser posto fora da Igreja. Era uma espécie de excomunhão. Os espíritas, cuja doutrina é a do Cristo de acordo com o progresso das luzes atuais, são tratados como os judeus que reconheciam em Jesus o Messias. Excomungando-os, a Igreja os põe fora de seu seio, como fizeram os escribas e os fariseus com os seguidores do Cristo. Assim, aí está um homem que é expulso porque não pode admitir seja um possesso do demônio aquele que o curara e porque rende graças a Deus pela sua cura!

Não é o que fazem com os espíritas? Obter dos Espíritos salutares conselhos, a reconciliação com Deus e com o bem, curas, tudo isso é obra do diabo e sobre os que isso conseguem lança-se anátema. Não se têm visto padres declararem, do alto do púlpito, que é *melhor uma pessoa conservar-se incrédula do que recobrar a fé por meio do Espiritismo?* Não há os que dizem a doentes que estes não deviam ter procurado curar-se com os espíritas que possuem esse dom, porque esse dom é satânico? Não há os que pregam que os necessitados não devem aceitar o pão que os espíritas distribuem, por ser do diabo esse pão? Que outra coisa diziam ou faziam os padres judeus e os fariseus? Aliás, fomos avisados de que tudo hoje tem que se passar como ao tempo do Cristo.

A pergunta dos discípulos: Foi algum pecado deste homem que deu causa a que ele *nascesse* cego? revela que eles tinham a intuição de uma existência anterior, pois, do contrário, ela careceria de sentido, visto que um pecado somente pode ser causa de uma enfermidade de *nascença*, se cometido antes do nascimento, portanto, numa existência anterior. Se Jesus considerasse falsa semelhante idéia, ter-lhes-ia dito: "Como houvera este homem podido pecar antes de ter nascido?" Em vez disso, porém, diz que aquele homem estava cego, não por ter pecado, mas para que nele se patenteasse o poder de Deus, isto é, para que servisse de instrumento a uma manifestação do poder de Deus. Se não era uma expiação do passado, era uma provação apropriada ao progresso daquele Espírito, porquanto Deus, que é justo, não lhe imporia um sofrimento sem utilidade.

Quanto ao meio empregado para a sua cura, evidentemente aquela espécie de lama feita de saliva e terra nenhuma virtude podia encerrar, a não ser pela ação do fluido curativo de que fora impregnada. É assim que as mais insignificantes substâncias, como a água, por exemplo, podem adquirir qualidades poderosas e efetivas, sob a ação do fluido espiritual ou magnético, ao qual elas servem de *veículo*, ou, se quiserem, de *reservatório*.

Numerosas curas operadas por Jesus

— Jesus ia por toda a Galiléia, ensinando nas sinagogas, pregando o Evangelho do reino e curando todos os langores e todas as enfermidades no meio do povo. — Tendo-se a sua reputação espalhado por toda a Síria; traziam-lhe os que estavam doentes e afligidos por dores e males diversos, os possessos, os lunáticos, os paralíticos e ele a todos curava. — Acompanhava-o grande multidão de povo da Galiléia, de Decápolis, de Jerusalém, da Judéia e de além Jordão. (S. Mateus, cap. IV, vv. 23, 24, 25.)

— De todos os fatos que dão testemunho do poder de Jesus, os mais numerosos são, não há contestar, as curas. Queria ele provar dessa forma que o verdadeiro poder é o daquele que faz o bem; que o seu objetivo era ser útil e não satisfazer à curiosidade dos indiferentes, por meio de coisas extraordinárias.

Aliviando os sofrimentos, prendia a si as criaturas pelo coração e fazia prosélitos mais numerosos e sinceros, do que se apenas os maravilhasse com espetáculos para os olhos. Daquele modo, fazia-se amado, ao passo que se se limitasse a produzir surpreendentes fatos materiais, conforme os fariseus reclamavam, a maioria das pessoas não teria visto nele senão um feiticeiro, ou um mágico hábil, que os *desocupados iriam apreciar para se distraírem*.

Assim, quando João Batista manda, por seus discípulos, perguntar-lhe se ele era o Cristo, a sua resposta não foi: "Eu o sou", como qualquer impostor houvera podido dizer. Tampouco lhes fala de prodígios, nem de coisas maravilhosas; responde-lhes simplesmente: "Ide dizer a João: os cegos vêem, os doentes são curados, os surdos ouvem, o Evangelho é anunciado aos pobres." O mesmo era que dizer: "Reconhecei-me pelas minhas obras; julgai da árvore pelo fruto", porquanto era esse o verdadeiro caráter da sua missão divina.

— O Espiritismo, igualmente, pelo bem que faz é que prova a sua missão providencial. Ele cura os males físicos, mas cura, sobretudo, as doenças morais e são esses os maiores prodígios que lhe atestam a procedência. Seus mais sinceros adeptos não são os que se sentem tocados pela observação de fenômenos extraordinários, mas os que dele recebem a consolação para suas almas; os a quem liberta das torturas da dúvida; aqueles a quem levantou o ânimo na aflição, que hauriram forças na certeza, que lhes trouxe, acerca do futuro, no conhecimento do seu ser espiritual e de seus destinos. Esses os de fé inabalável, porque sentem e compreendem.

Os que no Espiritismo unicamente procuram efeitos materiais, não lhe podem compreender a força moral. Daí vem que os incrédulos, que apenas o conhecem através de fenômenos cuja causa primária não admitem, consideram os espíritas meros prestigitadores e charlatães. Não será, pois, por meio de prodígios que o Espiritismo triunfará da incredulidade: será pela multiplicação dos seus benefícios morais, porquanto, se é certo que os incrédulos não admitem os prodígios, não menos certo é que conhecem, como toda gente, o sofrimento e as aflições e ninguém recusa alívio e consolação.

Possessos

— Vieram em seguida a Cafarnaum e Jesus, entrando primeiramente, em dia de sábado, na sinagoga, os instruía. — Admiravam-se da sua doutrina, porque ele os instruía como tendo autoridade e não como os escribas.

Ora, achava-se na sinagoga um homem possesso de um Espírito impuro, que exclamou: — Que há entre ti e nós, Jesus de Nazaré? Vieste para nos perder? Sei quem és: és o santo de Deus. — Jesus, porém, falando-lhe ameaçadoramente, disse: Cala-te e sai desse homem. — Então, o Espírito impuro, agitando o homem em violentas convulsões, saiu dele.

Ficaram todos tão surpreendidos que uns aos outros perguntavam: Que é isto? Que nova doutrina é esta? Ele dá ordem com império, até aos Espíritos impuros, e estes lhe obedecem. (S. Marcos, cap. I, vv. 21 a 27.)

— Tendo eles saído, apresentaram-lhe um homem mudo, possesso do demônio. — Expulso o demônio o mudo falou e o povo, tomado de admiração, dizia: Jamais se viu coisa semelhante em Israel.

Mas os fariseus, ao contrário, diziam: É pelo príncipe dos demônios que ele expele os demônios. (S. Mateus, capítulo IX, vv. 32 a 34.)

— Quando ele foi vindo ao lugar onde estavam os outros discípulos, viu em torno destes uma grande multidão de pessoas e muitos escribas que com eles disputavam. — Logo que deu com Jesus, todo o povo se tomou de espanto e temor e correram todos a saudá-lo.

Perguntou ele então: Sobre que disputáveis em assembléia? — Um homem, do meio do povo, tomando a palavra, disse: Mestre, trouxe-te meu filho, que está possesso de um Espírito mudo; — em todo lugar onde dele se apossa, atira-o por terra e o menino espuma, rilha os dentes e se torna todo seco. Pedi a teus discípulos que o expulsasse, mas eles não puderam.

Disse-lhes Jesus: Oh! gente incrédula, até quando estarei convosco? Até quando vos suportarei? Trazei-mo. — Trouxeram-lho e ainda não havia ele posto os olhos em Jesus, e o Espírito entrou a agitá-lo violentamente; ele caiu no chão e se pôs a rolar espumando.

Jesus perguntou ao pai do menino: Desde quando isto lhe sucede? — Desde pequenino, diz o pai. — E o Espírito o tem lançado, muitas vezes, ora à água, ora ao fogo, para fazê-lo perecer; se alguma coisa puderes, tem compaixão de nós e socorre-nos.

Respondeu-lhe Jesus: Se puderes crer, tudo é possível àquele que crê. — Logo exclamou o pai do menino banhado em lágrimas: Senhor, creio, ajuda-me na minha incredulidade.

Jesus, vendo que o povo acorria em multidão, falou em tom de ameaça ao Espírito impuro, dizendo-lhe: Espírito surdo e mudo sai desse menino e não entres mais nele. — Então, o Espírito, soltando grande grito e agitando o menino em violentas convulsões, saiu, ficando como morto o menino, de sorte que muitos diziam que ele morrera. — Mas Jesus, tomando-lhe as mãos e amparando-o, fê-lo levantar-se.

Quando Jesus voltou para casa, seus discípulos lhe perguntaram, em particular: Por que não pudemos nós expulsar esse demônio? — Ele respondeu: os demônios desta espécie não podem ser expulsos senão pela prece e pelo jejum. (S. Marcos, cap. IX, vv. 13 a 28.)

— Apresentaram-lhe então um possesso cego e mudo e ele o curou, de modo que o possesso começou a falar e a ver: — Todo o povo ficou preso de admiração e dizia: Não é esse o filho de David?

Mas os fariseus, isso ouvindo, diziam: Este homem expulsa os demônios com o auxílio de Belzebu, príncipe dos demônios.

Jesus, conhecendo-lhes os pensamentos, disse-lhes: Todo reino que se dividir contra si mesmo será arruinado e toda cidade ou casa que se divide contra si mesma não pode subsistir. — Se Satanás expulsa a Satanás, ele está dividido contra si mesmo, como, pois, o seu reino poderá subsistir? — E, se é por Belzebu que eu expulso os demônios, por quem os expulsarão vossos filhos? Por isso, eles próprios serão os vossos juízes. — Se eu expulso os demônios pelo Espírito de Deus, é que o reino de Deus veio até vós. (S. Mateus, cap. XII, 22 a 28.)

— Com as curas, as libertações de possessos figuram entre os mais numerosos atos de Jesus. Alguns há, entre os fatos dessa natureza, como os acima narrados, no nº 30, em que a possessão não é evidente. Provavelmente, naquela época, como ainda hoje acontece, atribuía-se à influência dos demônios todas as enfermidades cuja causa se não conhecia, principalmente a mudez, a epilepsia e a catalepsia. Outros há, todavia, em que nada tem de duvidosa a ação dos maus Espíritos, casos esses que guardam com os de que somos testemunhas tão frisante analogia, que neles se reconhecem todos os sintomas de tal gênero de afecção. A prova da participação de uma inteligência oculta, em tal caso, ressalta de um fato material; são as múltiplas curas radicais obtidas, nalguns centros espíritas, pela só evocação e doutrinação dos Espíritos obsessores, sem magnetização, nem medicamentos e, muitas vezes, na ausência do paciente e a grande distância deste. A imensa superioridade do Cristo lhe dava tal autoridade sobre os Espíritos imperfeitos, chamados então demônios, que lhe bastava ordenar se retirassem para que não pudessem resistir a essa injunção.

— O fato de serem alguns maus Espíritos mandados meter-se em corpos de porcos é o que pode haver de menos provável. Aliás, seria difícil explicar a existência de tão numeroso rebanho de porcos num país onde esse animal era tido em horror e nenhuma utilidade oferecia para a alimentação. Um Espírito, porque mau, não deixa de ser um Espírito humano, embora tão imperfeito que continue a fazer mal, depois de desencarnar, como o fazia antes, e é contra todas as leis da Natureza que lhe seja possível fazer morada no corpo de um animal. No fato, pois, a que nos referimos, temos que reconhecer a existência de uma dessas ampliações tão comuns nos tempos de ignorância e de superstição; ou, então, será uma alegoria destinada a caracterizar os pendores imundos de certos Espíritos.

— Parece que, ao tempo de Jesus, eram em grande número, na Judéia, os obsidiados e os possessos, donde a oportunidade que ele teve de curar a muitos. Sem dúvida, os Espíritos maus haviam invadido aquele país e causado uma epidemia de possessões.

Sem apresentarem caráter epidêmico, as obsessões individuais são muitíssimo freqüentes e se apresentam sob os mais variados aspectos que, entretanto, por um conhecimento amplo do Espiritismo, facilmente se descobrem. Podem, não raro, trazer conseqüências danosas à saúde, seja agravando afecções orgânicas já existentes, seja ocasionando-as. Um dia, virão a ser, incontestavelmente, arroladas entre as causas patológicas que requerem, pela sua natureza especial, especiais meios de tratamento. Revelando a causa do mal, o Espiritismo rasga nova senda à arte de curar e fornece à Ciência meio de alcançar êxito onde até hoje quase sempre vê malograr seus esforços, pela razão de não atender à primordial causa do mal. (*O Livro dos Médiuns*, 2ª Parte, cap. XXIII.)

— Os fariseus diziam que por influência dos demônios é que Jesus expulsava os demônios; segundo eles, o bem que Jesus fazia era obra de Satanás; não refletiam que, se Satanás expulsasse a si mesmo, praticaria rematada insensatez. É de notar-se que os fariseus daquele tempo já pretendessem que toda faculdade transcendente e, por esse motivo, reputada sobrenatural, era obra do demônio, pois que, na opinião deles, era do demônio que Jesus recebia o poder de que dispunha. É esse mais um ponto de semelhança daquela com a época atual e tal doutrina é ainda a que a Igreja procura fazer que prevaleça hoje, contra as manifestações espíritas. (1)

---

(1) Nem todos os teólogos, porém, adotam opiniões tão absolutas sobre a doutrina demoníaca. Aqui está uma cujo valor o clero não pode contestar, emitida por um eclesiástico, Monsenhor Freyssinous, bispo de Hermópolis, na seguinte passagem das suas **Conferências sobre a religião**, tomo 2, pág. 341 (Paris, 1825):

"Se Jesus operasse seus milagres pelo poder do demônio, este houvera

RESSURREIÇÕES

A filha de Jairo

— Tendo Jesus passado novamente, de barca, para a outra margem, logo que desembarcou, grande multidão se lhe apinhou ao derredor. Então, um chefe de sinagoga, chamado Jairo, veio ao seu encontro e, ao aproximar-se dele, se lhe lançou aos pés, — a suplicar com grande instância, dizendo: Tenho uma filha que está no momento extremo; vem impor-lhe as mãos para a curar e lhe salvar a vida.

Jesus foi com ele, acompanhado de grande multidão, que o comprimia.

Quando Jairo ainda falava, vieram pessoas que lhe eram subordinadas e lhe disseram: Tua filha está morta; por que hás de dar ao Mestre o incômodo de ir mais longe? — Jesus, porém, ouvindo isso, disse ao chefe da sinagoga: Não te aflijas, crê apenas. — E a ninguém permitiu que o acompanhasse, senão a Pedro, Tiago e João, irmão de Tiago.

Chegando à casa do chefe da sinagoga, viu ele uma aglomeração confusa de pessoas que choravam e soltavam grandes gritos. — Entrando, disse-lhes ele: Por que fazeis tanto alarido e por que chorais? *Esta menina não está morta, está apenas adormecida.* — Zombavam dele. Tendo feito que toda a gente saísse, chamou o pai e mãe da menina e os que tinham vindo em sua companhia e entrou no lugar onde a menina se achava deitada. — Tomou-lhe a mão e disse: *Talitha cumi,* isto é: Minha filha, levanta-te, eu to ordeno. — No mesmo instante a menina se levantou e se pôs a andar, pois contava doze anos, e ficaram todos maravilhados e espantados. (S. Marcos, cap. V, vv. 21 a 43.)

Filho da viúva de Naim

— No dia seguinte, dirigiu-se Jesus para uma cidade chamada Naim; acompanhavam-nos seus discípulos e grande multidão de povo. — Quando

---

trabalhado pela destruição do seu império e teria empregado contra si próprio o seu poder. Certamente, *um demônio que procurasse destruir o reinado do vício para implantar o da virtude, seria um demônio muito singular.* Eis por que Jesus, para repelir a absurda acusação dos judeus, lhes dizia: "Se opero prodígios em nome do demônio, o demônio está dividido consigo mesmo, trabalha, conseguintemente, por se destruir a si próprio!" resposta que não admite réplica.

estava perto da porta da cidade, aconteceu que levavam a sepultar um morto, que era filho único de sua mãe e essa mulher era viúva; estava com ela grande número de pessoas da cidade. — Tendo-a visto, o Senhor se tomou de compaixão para com ela e lhe disse: Não chores. — Depois, aproximando-se, tocou o esquife e os que o conduziam pararam. Então, disse ele: Mancebo, levanta-te, eu o ordeno. — Imediatamente, o moço se sentou e começou a falar. E Jesus o restituiu à sua mãe.

Todos os que estavam presentes ficaram tomados de espanto e glorificaram a Deus, dizendo: Um grande profeta surgiu entre nós e Deus visitou o seu povo. — O rumor desse milagre que ele fizera se espalhou por toda a Judéia e por todas as regiões circunvizinhas. (S. Lucas, cap. VII, vv. 11 a 17.)

— Contrário seria às leis da natureza e, portanto, milagroso, o fato de voltar à vida corpórea um indivíduo que se achasse realmente morto. Ora, não há mister se recorra a essa ordem de fatos, para ter-se a explicação das ressurreições que Jesus operou.

Se, mesmo na atualidade, as aparências enganam por vezes os profissionais, quão mais freqüentes não haviam de ser os acidentes daquela natureza, num país onde nenhuma precaução se tomava contra eles e onde o sepultamento era imediato (1). É, pois, de todo ponto provável que, nos dois casos acima, apenas síncope ou letargia houvesse. O próprio Jesus declara positivamente, com relação à filha de Jairo: *Esta menina*, disse ele, *não está morta, está apenas adormecida*.

---

(1) Uma prova desse costume se nos depara nos *Atos dos Apóstolos*, cap. V, vv. 5 e seguintes.

"Ananias, tendo ouvido aquelas palavras, caiu e rendeu o Espírito e todos os que ouviram falar disso foram presas de grande temor. — Logo, alguns rapazes lhe vieram buscar o corpo e, tendo-o levado, o enterraram. — Passadas umas três horas, sua mulher (Safira), que nada sabia do que se dera, entrou. — E Pedro lhe disse... etc. — No mesmo instante, ela lhe caiu aos pés e rendeu o Espírito. Aqueles rapazes, voltando, a encontraram morta e, levando-a, enterraram-na junto do marido."

Dado o poder fluídico que ele possuía, nada de espantoso há em que esse fluido vivificante, acionado por uma vontade forte, haja reanimado os sentidos em torpor; que haja mesmo feito voltar ao corpo o Espírito, prestes a abandoná-lo, uma vez que o laço perispirítico ainda se não rompera definitivamente. Para os homens daquela época, que consideravam morto o indivíduo desde que deixara de respirar, havia ressurreição em casos tais; mas, o que na realidade havia era *cura* e não ressurreição, na acepção legítima do termo.

— A ressurreição de Lázaro, digam o que disserem, de nenhum modo infirma este princípio. Ele estava, dizem, havia quatro dias no sepulcro; sabe-se, porém, que há letargias que duram oito dias e até mais. Acrescentam que já cheirava mal, o que é sinal de decomposição. Esta alegação também nada prova, dado que em certos indivíduos há decomposição parcial do corpo, mesmo antes da morte, havendo em tal caso cheiro de podridão. A morte só se verifica quando são atacados os órgãos essenciais à vida.

E quem podia saber que Lázaro já cheirava mal? Foi sua irmã Maria quem o disse. Mas, como sabia ela? Por haver já quatro dias que Lázaro fora enterrado, ela o supunha; nenhuma certeza, entretanto, podia ter."

Quanto à palavra "milagre", não se aplica, portanto, aos feitos de Jesus, quando se compreende por milagre algo que signifique uma alteração ou uma derrogação das leis da Natureza. Deus não faz milagres, porque o milagre seria a negação de sua sabedoria e de sua perfeição. E ninguém mais poderia tampouco fazer milagres, porque ninguém poderia mudar o que Deus estabeleceu na sua sabedoria e no seu poder. Jesus não fez milagres; exerceu sempre, isto sim, a sua sabedoria e o seu poder para realizar coisas admiráveis, aplicando leis naturais que ainda desconhecemos, por meios cujo conhecimento ainda escapa à nossa compreensão. Ele não era, como imaginam os inscientes, um homem comum como nós outros, os outros homens. Era um Divino Agênere, um Cristo de Deus feito à semelhança do homem, algo que a ciência terrena ainda desconhece, mas que num glorioso dia saberá.

5.3 — A negação dos incrédulos

Quase sempre irônicos, quando não abertamente sarcásticos, muitos falsos e pretensiosos racionalistas acoimam de fantasiosos, e até de cientificamente impossíveis, os feitos de Jesus, especialmente as suas curas prodigiosas. Fazem isso no pressuposto de haver sido Jesus apenas um homem comum do seu ambiente e do seu tempo, e invocam orgulhosamente o veredicto da Ciência sobre a credibilidade dos fenômenos atribuídos ao Divino Mestre, como se a Ciência Humana, no grau de evolução em que se encontra, pudesse ser a juíza suprema do possível e do impossível. Esquecem-se, esses pobres presunçosos, que a Ciência humana, apesar de toda a magnificência do seu progresso acelerado e deslumbrante, está ainda engatinhando em suas primeiras grandes conquistas e continua ignorando quase tudo o que é mais importante e essencial saber-se sobre a vida e a morte, o microcosmo e o macrocosmo, a matéria e o espírito.

Ainda agora cientistas do Instituto de Tecnologia de Massachusetts empenham-se na decifração de um segundo código genético, que há muito tempo desafia os especialistas em Biologia Molecular; enquanto a equipe do Dr. Ahmed Zewail se esforça para comprovar, no Instituto de Tecnologia da Califórnia, por meio de experiências com raios *laser* e reações químicas, a observação do processo e do instante preciso da criação e da destruição de uma molécula.

As próprias leis da hereditariedade, formuladas por Mendel, já estão sendo reexaminadas em experimentações da equipe do professor Douglas Wallace, da Universidade de Emory, em Atlanta. Missões importantes de investigação do espaço cósmico se sucedem, em busca de informações novas sobre o universo que nos cerca, causando surpresas apreciáveis e retificações de vulto em nossas concepções e abrindo caminho para novas e mais seguras conquistas.

Paradoxalmente, o avanço das investigações científicas, servidas por sempre melhores instrumentais tecnológicos, não cessa de comprovar, com as surpresas que detecta, que quase nada sabemos em essência, em profundidade e em definitivo, sobre nós mesmos, sobre o nosso mundo e, muito menos, sobre o universo, a vida e a morte.

Certos aspectos da teoria da Relatividade, ligados à velocidade da luz, também estão sendo objeto de reexame em conceituados centros científicos, como, por exemplo, o Instituto de Física Nuclear e a Universidade de Calcutá, e a Universidade de Dortmund, na Alemanha Ocidental, onde são desenvolvidos estudos de grande alcance por cientistas como Dipankor Home, Amitawa Paychaudhuri e Amitawa Datta.

As pesquisas ultimamente realizadas por geofísicos de Harvard, Massachusetts, San Diego e outros centros que utilizam tecnologia tomográfica, já mostraram que, contrariamente ao que se supunha, a bola de ferro quente do centro da Terra tem elevações e reentrâncias do tamanho de montanhas e vales, entremeados com lagos de rocha derretida, de cabeça para baixo, o que levou os cientistas a classificarem as formas da superfície do centro da Terra como anticontinentes e antioceanos.

Para que não se perca de vista quão incipientes são os conhecimentos da nossa respeitável, mas ainda infanto-juvenil Ciência, basta recordarmos que ela, a rigor, ainda não completou quinhentos anos de idade. O pólo magnético da Terra só foi descoberto em 1546. A primeira sociedade científica foi fundada em 1560 por Giambattista della Porta. Os primeiros princípios do método científico empirítico, formulados por Bernardino Telesio, só foram publicados em 1565, no seu "De Rerum Natura". Somente em 1640 Jan Baptiste Van Helmont descobriu que existem outros gases além do ar. A prova da existência da pressão atmosférica, por Pascal, data de 1648. A anatomia patológica foi inaugurada por Morgagni em 1761, data do livro "On the Causes of Diseases". O primeiro barco a motor, de Fulton, moveu-se em 1803. A primeira locomotiva foi construída por George Stephenson em 1814. Foi em 1819 que Hans Oerstedt descobriu o magnetismo, e Augustin Fresnel desenvolveu a teoria ondulatória da luz. O primeiro motor elétrico, de Barlow, é de 1827, e o telégrafo Morse foi usado pela primeira vez em 1844. "A Origem das Espécies", de Charles Darwin, foi publicada em 1859. Grahan Bell inventou o telefone em 1876. Edison inventou o fonógrafo em 1877. Os primeiros automóveis, de Karl Benz e Henry Ford datam de 1893, e o cinematógrafo, de Louis e Auguste Lumière, é de 1894.

Quando os cientistas se dispuserem a considerar seriamente as verdades transcendentais do Espiritismo, o progresso científico receberá o reforço e a aceleração de novos e magníficos impulsos, pois como afirmou Kardec,

— "Assim como a Ciência propriamente dita tem por objeto o estudo das leis do princípio material, o objeto especial do Espiritismo é o conhecimento das leis do princípio espiritual. Ora, como este último princípio é uma das forças da Natureza, a reagir incessantemente sobre o princípio material e reciprocamente, segue-se que o conhecimento de um não pode estar completo sem o conhecimento do outro. *O Espiritismo e a Ciência se completam reciprocamente*; a Ciência, sem o Espiritismo, se acha na impossibilidade de explicar certos fenômenos só pelas leis da matéria; ao Espiritismo, sem a Ciência, faltariam apoio e comprovação. O estudo das leis da matéria tinha que preceder o da espiritualidade, porque a matéria é que primeiro fere os sentidos. Se o Espiritismo tivesse vindo antes das descobertas científicas, teria abortado, como tudo quanto surge antes do tempo.

— Todas as Ciências se encadeiam e sucedem numa ordem racional; nascem umas das outras, à proporção que acham ponto de apoio nas idéias e conhecimentos anteriores. A Astronomia, uma das primeiras cultivadas, conservou os erros da infância, até ao momento em que a Física veio revelar a lei das forças dos agentes naturais; a Química, nada podendo sem a Física, teve de acompanhá-la de perto, para depois marcharem ambas de acordo, amparando-se uma à outra. A Anatomia, a Fisiologia, a Zoologia, a Botânica, a Mineralogia, só se tornaram ciências sérias com o auxílio das luzes que lhes trouxeram a Física e a Química. À Geologia nascida ontem, sem a Astronomia, a Física, a Química e todas as outras, teriam faltado elementos de vitalidade; ela só podia vir depois daquelas.

18. — A Ciência moderna abandonou os quatro elementos primitivos dos antigos e, de observação em observação, chegou à concepção *de um só elemento gerador* de todas as transformações da matéria; mas, a matéria, por si só, é inerte; carecendo de vida, de pensamento, de sentimento, precisa estar unida ao princípio espiritual. O Espiritismo não descobriu, nem inventou este princípio; mas, foi o primeiro a demonstrar-lhe, por provas inconcussas, a existência; estudou-o, analisou-o e tornou-lhe evidente a ação. *Ao elemento material,* juntou ele o *elemento espiritual. Elemento material e elemento espiritual,* esses os dois princípios, as duas forças vivas da Natureza. Pela união indissolúvel deles, facilmente se explica uma multidão de fatos até então inexplicáveis. (1)

---

(1) A palavra *elemento* não é empregada aqui no sentido de *corpo simples, elementar, de moléculas primitivas,* mas no de *parte constitutiva de um todo.* Neste sentido, pode dizer-se que o *elemento espiritual* tem parte ativa na economia do Universo, como se diz que o *elemento civil*

O Espiritismo, tendo por objeto o estudo de um dos elementos constitutivos do Universo, toca forçosamente na maior parte das ciências; só podia, portanto, vir depois da elaboração delas; nasceu pela força mesma das coisas, pela impossibilidade de tudo se explicar com o auxílio apenas das leis da matéria.

— Acusam-no de parentesco com a magia e a feitiçaria; porém, esquecem que a Astronomia tem por irmã mais velha a Astrologia judiciária, ainda não muito distante de nós; que a Química é filha da Alquimia, com a qual nenhum homem sensato ousaria hoje ocupar-se. Ninguém nega, entretanto, que na Astrologia e na Alquimia estivesse o gérmen das verdades de que saíram as ciências atuais. Apesar das suas ridículas fórmulas, a Alquimia encaminhou a descoberta dos corpos simples e da lei das afinidades. A astrologia se apoiava na posição e no movimento dos astros, que ela estudara; mas, na ignorância das verdadeiras leis que regem o mecanismo do Universo, os astros eram, para o vulgo, seres misteriosos, aos quais a superstição atribuía uma influência moral e um sentido revelador. Quando Galileu, Newton e Kepler tornaram conhecidas essas leis, quando o telescópio rasgou o véu e mergulhou nas profundezas do espaço um olhar que algumas criaturas acharam indiscreto, os planetas apareceram como simples mundos semelhantes ao nosso e todo o castelo do maravilhoso desmoronou.

O mesmo se dá com o Espiritismo, relativamente à magia e à feitiçaria, que se apoiavam também na manifestação dos Espíritos, como a Astrologia no movimento dos

---

e o *elemento militar* figuram no cálculo de uma população; que o *elemento religioso* entra na educação; ou que na Argélia existem o *elemento árabe* e o *elemento europeu*.

astros; mas, ignorantes das leis que regem o mundo espiritual, misturavam, com essas relações, práticas e crenças ridículas, com as quais o moderno Espiritismo, fruto da experiência e da observação, acabou. Certamente, a distância que separa o Espiritismo da magia e da feitiçaria é maior do que a que existe entre a Astronomia e a Astrologia, a Química e a Alquimia. Confundi-las é provar que de nenhuma se sabe patavina.

O estudo das propriedades do perispírito, dos fluidos espirituais e dos atributos fisiológicos da alma abre novos horizontes à Ciência e dá a chave de uma multidão de fenômenos incompreendidos até então, por falta de conhecimento da lei que os rege — fenômenos negados pelo materialismo, por se prenderem à espiritualidade, e qualificados como milagres ou sortilégios por outras crenças. Tais são, entre muitos, os fenômenos da vista dupla, da visão a distância, do sonambulismo natural e artificial, dos efeitos psíquicos da catalepsia e da letargia, da presciência, dos pressentimentos, das aparições, das transfigurações, da transmissão do pensamento, da fascinação, das curas instantâneas, das obsessões e possessões, etc. Demonstrando que esses fenômenos repousam em leis naturais, como os fenômenos elétricos, e em que condições normais se podem reproduzir, o Espiritismo derroca o império do maravilhoso e do sobrenatural e, conseguintemente, a fonte da maior parte das superstições. Se faz se creia na possibilidade de certas coisas consideradas por alguns como quiméricas, também impede que se creia em muitas outras, das quais ele demonstra a impossibilidade e a irracionalidade."

5.4 — Instruções do Altiplano

No livro "Libertação", afirma o Espírito André Luiz,

pela extraordinária mediunidade de Francisco Cândido Xavier, que "a sugestão mental positiva determina a sintonia e receptividade da região orgânica, em conexão com o impulso havido, e as entidades microbianas, que vivem e se reproduzem no campo mental dos milhões de pessoas que as entretecem, acorrerão em massa, absorvidas pelas células que as atraem".

Discorrendo sobre microbiologia psíquica, em "Missionários da Luz", o mesmo Espírito, pelo mesmo médium, fala de materiais psíquicos e se refere a "estranhos bacilos de natureza psíquica, completamente desconhecidos na microbiologia mais avançada, que não guardam a forma esférica das cocácias, nem o tipo bastonete das bacteriáceas diversas, mas formam também colônias densas e terríveis, e atacam os elementos vitais do corpo físico, atuando com maior potencial destrutivo sobre as células mais delicadas". Acrescenta, ainda, que essas larvas são portadoras de vigoroso magnetismo animal, e anota que toda matéria mental está revestida de força plasmadora e exteriorizante. "O corpo físico — diz — é apenas leve sombra do corpo perispiritual. Tudo é espírito, manifestação divina e energia eterna. Todas as manifestações psicofísicas se derivam da influenciação espiritual. Toda a organização universal se baseia em vibrações puras. O pensamento possui propriedades elétricas que o homem comum está longe de imaginar. Cada célula física é instrumento de determinada vibração mental." E esclarece: "As próprias formas inferiores da Terra se alimentam quase que integralmente de raios. Descem sobre a fronte humana, em cada minuto, bilhões de raios cósmicos, oriundos de estrelas e planetas amplamente distanciados da Terra, sem nos referirmos aos raios solares, caloríficos e luminosos, que a ciência terrestre mal começa a conhecer. Os raios gama, provenientes do radium que se desintegra incessantemente no solo, e os de várias expressões emitidos pela água e pelos metais, alcançam os habitantes da Terra pelos pés, determinando consideráveis influenciações. E, em sentido horizontal, experimenta o homem a atuação dos raios magnéticos exteriorizados pelos vegetais, pelos irracionais e pelos próprios semelhantes. E as emanações de natureza psíquica que envolvem a Humanidade, provenientes das colônias de seres desencarnados que rodeiam a Terra? Em cada segundo, cada um de nós recebe trilhões de raios de vária ordem, e emitimos forças que nos são peculiares e que vão atuar no plano da vida, por vezes em regiões muitíssimo afastadas de nós."

5.5 — O Médico Divino

Diante e depois de tudo isso, avulta gloriosamente aos nossos olhos a magnificente visão do Cristo Soberano. Co-Criador do nosso orbe, Senhor de toda a Ciência, dominador sublime de todas as forças vivas e inanimadas deste nosso planeta, que foi e será sempre o Médico Divino de nossos corpos e, sobretudo, de nossas almas. Excelso Sol Espiritual em cuja órbita todos gravitamos. As curas que fez, em sua passagem messiânica pela crosta terráquea, são palidíssima imagem da inabordável solicitude com que tem velado por nós através dos milênios. Por isso, seu amoroso convite é permanente e encorajador: "Vinde a mim todos os que estais cansados e sobrecarregados, e eu vos aliviarei, porque meu jugo é suave e o meu fardo é leve."

VI — OS FENÔMENOS

O maior, o mais portentoso e o mais belo dos fenômenos já ocorridos neste mundo foi o nascimento de Jesus. Que poderia haver de mais extraordinário, insólito e sublime do que a materialização, na crosta deste nosso modesto planeta, de um arcanjo divino? Esse magno fenômeno, de inigualável grandiosidade e decisivas conseqüências para a evolução da Humanidade Terrestre, foi precedido, desde tempos remotos, por muitos outros fenômenos preparatórios, de que as Sagradas Escrituras nos dão conta. Basta lembrar-nos de que sete séculos antes do nascimento de Jesus, o Profeta Isaías já o anunciava, dizendo: "Nos últimos dias acontecerá que o monte da casa do Senhor será estabelecido no cume dos montes, e se elevará sobre os outeiros, e para Ele afluirão todos os povos. Ele julgará entre os povos e corrigirá muitas nações. Estas converterão suas espadas em relhas de arados e as suas lanças em podadeiras. Uma nação não se levantará contra outra, e ninguém mais aprenderá a guerra." (II, 2: 2/4). E disse mais: "As terras de Zebulon e Naftali, antes desprezíveis, serão transformadas por Deus em glorioso caminho do mar, além do Jordão, na Galiléia dos gentios." (9:1).

Anunciando-o com seiscentos anos de antecedência, disse dele Jeremias: "Ouvi, ó nações, e guardai: Aquele que espalhou a Israel, o congregará e protegerá, como o Pastor ao seu rebanho." (31:14).

"O Sol estava ingressando no signo zodiacal de *Piscis*, quando Jesus nasceu em Belém de Judá. Foi nesse minuto formidável — escreve Dmitry Merejkovsky — que as forças celestes se desencadearam — as mãos dos Serafins inclinaram o eixo do mundo, o Sol entrou no equinócio e o Cristo entrou no mundo." — anota Aníbal Vaz de Melo, no seu magnífico livro "A Era do Aquário" (1).

---

(1) ANÍBAL VAZ DE MELO — Catedrático da Faculdade de Ciências Econômicas da Universidade de Minas Gerais. Autor consagrado de obras-primas, lidas e aplaudidas com entusiástica admiração por brilhantes inteligências, como, entre outros, o Prêmio Nobel Romain Rolland, Agripino Grieco, Afonso Schimidt, Monteiro Lobato, SRI Sevânanda Swami, Cecília Meireles e Huberto Rohden. Registram-se sobre as suas obras significativos testemunhos, dentre os quais destacamos os seguintes: (1) de LEOPOLDO MACHADO: "A leitura d'*A ERA DO AQUÁRIO* me empolgou efetivamente. Confessamos que um mundo de coisas extraordinárias, profundas e substanciosas se rasgou diante de nossas vistas, para o nosso deleite espiritual. É um livro diferente: lógico, doutrinário, espiritualizante, inconfundível, formidável! Esta é a primeira vez que ajustamos o *formidável* a alguma coisa." (2) De PIETRO UBALDI: "Em SINAIS DOS TEMPOS o senhor teve maravilhosa intuição da atual hora histórica, apocalíptica, em que a velha Civilização do Materialismo deperece e dealba uma Nova Civilização. O senhor perquire o significado profundo da História em suas razões íntimas de que depende seu desenvolvimento. O senhor vê nas grandes personagens sua função histórica, efeito das forças que dirigem o mundo; nelas vê os grandes atores do pensamento de Deus, que tudo dirige sabiamente. À luz das grandes profecias, especialmente do Apocalipse, atrás da batalha na Terra, o senhor divisa a batalha no Céu entre as forças do Bem e do Mal. Esta é a maior visão substancial que se pode ter da História. O senhor fixou o homem e pelo homem a tarefa de cada um dos Grandes Guias de nosso tempo, fazendo Cristo o magno centro da História humana." (3) De FRANCISCO CÂNDIDO XAVIER: "Li o seu CRISTO, O MAIOR DOS ANARQUISTAS. As suas referências ao Dragão Apocalíptico me impressionaram fortemente. Estamos neste plano de experiência que nomeamos por Esfera Carnal, como em qualquer outro lar evolutivo da Criação e estou certo de que ainda temos muito a aprender no que se refere ao Bem e ao Mal. As forças que expressam estes dois princípios ainda guardam muitas revelações para a Humanidade. Qual é o novo tesouro que a sua sublime inspiração nos reserva? Espero as suas produções

E prossegue: "Um fato curioso e extremamente raro veio assinalar e perpetuar este acontecimento nos anais da crônica da Humanidade. Uma estrela enorme, cintilante e desconhecida, brilhava no céu de Belém... Era a resultante da conjunção de dois planetas — o Saturno Judaico e o Júpiter heleno. Era o sinal anunciador da vinda do Grande Rei, o Messias, diziam e murmuravam todas as bocas... Pensava-se até há pouco que a *estrela bíblica* fosse Saturno, mas, recentemente, com os notáveis estudos e pesquisas do Dr. Immanuel Velikovsky, verificou-se, por conclusões e provas científicas, que a grande estrela que iluminou o céu do oriente na noite de Natal foi o planeta Vênus, que aparecia naquela época. Maravilhosa coincidência: Vênus, também símbolo sideral do Amor! E com a entrada do Sol na constelação aquática de Piscis, um novo ciclo solar, uma nova idade histórica raiava para a Humanidade."

Já antes que tudo isso acontecesse, o Anjo Gabriel visitou o Sacerdote Zacarias, na intimidade do Altar dos Perfumes, e o informou sobre a próxima reencarnação do Profeta Elias, na pessoa do grande precursor João Batista, indo depois à presença de Maria, para anunciar-lhe a vinda de Jesus.

A noite sublime da celeste materialização foi festejada com imenso júbilo na vastidão do céus, e uma legião de Espíritos fulgurantes saudou humildes pastores de Belém, anunciando a eles o excelso evento, para, em seguida, conduzir os magos do Oriente à gruta abençoada.

---

com a incessante fome de quem encontra nas cintilações de seu espírito os frutos abençoados que saciam o coração." "SINAIS DOS TEMPOS" é um livro-revelação. É uma rica dádiva espiritual".

Depois disso, o velho Simeão tomou a Jesus nos braços, no átrio do Templo, e proclamou-lhe a augusta grandeza, enquanto Ana, a Profetisa, exaltava-lhe o poder.

Ainda menino, o Mestre deslumbrou com o seu saber os doutores de Israel, no Templo de Jerusalém; e, mais tarde, ao batizá-lo no Jordão, João, o Precursor, viu os céus abertos em luz e ouviu as vozes do infinito proclamarem a glória do Eleito.

No curso do seu Divino Messianato, deu Jesus numerosas mostras de sua magnificência, em fenômenos naturais de ordem superior, identificando a natureza e a qualidade de pessoas, apontando cardumes de peixes a pescadores, revelando à Samaritana particularidades de sua vida pessoal, salvando do apedrejamento a mulher adúltera, acalmando tempestades, caminhando sobre as águas do lago, saciando multidões famintas e transfigurando-se num esplendor de luzes espirituais, ante seus discípulos atônitos.

Após a crucificação, revelou-se redivivo à Madalena, nas cercanias do sepulcro, viajou pela estrada com os discípulos de Emaús, e apresentou-se aos apóstolos, reunidos a portas fechadas, no Cenáculo de Jerusalém.

Infinitamente mais importante do que tudo isso foi, porém, o fenômeno permanente e maravilhoso da atração irresistível que desde então passou a fazer convergir para Ele a atenção e o carinho de toda a Humanidade, pelos séculos sem fim. Nascido anônimo, paupérrimo e de pais humildes, numa estrebaria de estrada deserta; crescido sem quaisquer títulos humanos, e executado com opróbrio, como se fosse um criminoso vulgar, tornou-se, pela força exclusiva e soberana do seu Espírito, a personagem central da História Planetária, muito acima de príncipes e doutos, de estadistas e guerreiros, de artistas e gênios científicos, mais venerado do que os anjos, amado e glorificado como um deus.

*

Já tivemos, neste pequeno livro, o cuidado de assinalar que Jesus não fez milagres; que Deus não os faz, se considerarmos como sendo milagre uma derrogação das leis da Natureza. A questão é que ainda estamos muitíssimo longe de conhecer a extensão, a complexidade e a infinita riqueza das leis da Natureza, das quais mal sabemos, por enquanto, e muito imperfeitamente, pouquíssimas coisas, sujeitas, mesmo essas, a constantes modificações de nosso entendimento, à medida que o progresso vai ampliando e aprimorando os poderes de nossa percepção e os horizontes ilimitados da nossa Ciência humana. Como bem ponderou Allan Kardec, em "O Livro dos Médiuns", seria demasiada pretensão querermos marcar fronteiras ao poder de Deus, ou imaginarmos que já dominamos tão completamente as leis da Natureza, a ponto de podermos estabelecer limites ao possível, e definir inapelavelmente as barreiras do impossível. As tentativas levadas a efeito nesse sentido, filiadas, todas elas, à ignorância presunçosa ou ao pedantismo dogmático, tiveram sempre por desfecho inevitável ruína, não raramente espetacular e desmoralizante, porque a mentira jamais se sustenta para sempre.

"Os fenômenos espíritas — diz Kardec —, assim como os fenômenos magnéticos, tiveram que passar por prodígios, antes que se lhes conhecesse as causas. Explicando a maior parte deles, o Espiritismo lhes assina uma razão de ser, demonstrando que, por perderem o caráter de miraculosos, não deixam, contudo, de ser extraordinários. Deus não fica menor, nem menos poderoso, por não haver derrogado suas leis. De quantas graçolas não foi objeto o fato de São Cupertino se erguer nos ares! Ora, a suspensão etérea dos corpos graves é um fenômeno que a lei espírita explica. Fomos dele pessoalmente testemunha ocular, e o Sr. Home, assim como outras pessoas de nosso conhecimento, repetiram muitas vezes o fenômeno produzido por São Cupertino. Logo, este fenômeno pertence à ordem das coisas naturais." ("O Livro dos Médiuns", Cap. II).

Quem se der ao trabalho de estudar, com sincera isenção, os livros básicos da Doutrina Espírita codificada por Allan Kardec, verá que os fenômenos narrados no Evangelho, a respeito de Jesus, são naturais e espiriticamente explicáveis, mesmo quando se insista em considerar o Divino Mestre como tendo sido um ser humano corporalmente comum, apesar de sua evidente superioridade evolutiva sobre todos os outros. Ocorre que Ele demonstrou (e cada vez mais e melhor se comprova) que foi muitíssimo mais do que simples mortal de passagem pelo mundo. A verdade é que ainda estamos muito longe de conhecer e entender, em essência e profundidade, todos os fenômenos que marcaram a passagem tangível de Jesus por este nosso orbe, de tão modesta classificação na escala dos valores universais. O que se conseguiu observar nEle, neste mundo, foi somente o pouco que extravasou da extraordinária contenção que Ele impôs à exteriorização de sua esplendorosa luminosidade crística, para que o brilho estelar da sua aura fulgurante não comprometesse a opacidade transitória e necessária que o seu messianato planetário reclamava. Apequenou-se por isso, e constrangeu-se, por inapreciável sacrifício de acrisolado amor, para iluminar a treva sem ofuscá-la, clareando sem cegar, e ajudando sem humilhar e sem ferir, no mais alto testemunho de compassiva auto-dação para servir e salvar. Sua bondade ocultou a sua grandeza, porque o seu amor foi maior do que a sua misericórdia.

Ignorando-lhe os ensinos, muitos o investiram na suprema condição de Deus, e outros, ainda agora, insistem, inversamente, em reduzi-lo à mera e vulgar condição de homem comum. Razão assiste ao clarividente Quintão, quando escreveu não ter sido Ele nem Deus, nem Homem, porque foi e será sempre um glorioso Espírito Divino, nosso Pastor e nosso Guia, que nos clareia com a sua luz, nos aquece com o seu fogo, nos reconforta com a sua doçura, nos ensina com a sua paciência, e nos conduz, com persistente devotamento, ao encontro sublime com o Pai Eterno e Criador, que nos espera desde o princípio, além do espaço e do tempo.

VII — AS REJEIÇÕES

Jesus era ainda um bebê recém-nascido, quando a fúria das trevas desencadeou contra ele a sua perseguição implacável, cuja insânia prolonga-se até hoje. Avisado pelos Magos do oriente do nascimento do Messias, o Rei Herodes, o Grande, na esperança de exterminá-lo, mandou que seus áulicos matassem todas as crianças de menos de dois anos nascidas na Judéia. Seguindo-lhe os passos, o filho dele, Herodes Antipas, mandou degolar o Batista, para satisfazer os caprichos de insensata cortesã. Daí por diante, e ao longo da sua divina peregrinação no mundo, o Mestre sofreu todos os tipos de agravo humano. As defecções de discípulos e admiradores fizeram-se freqüentes. Um escriba desistiu de segui-lo quando ouviu dele que não tinha onde reclinar a cabeça. Outro abandonou-o para comparecer ao enterro do pai. Um terceiro deixou de acompanhá-lo por ser rico. Discípulos outros o desertaram por considerar duros demais os seus discursos. Seus parentes o renegaram, e seus conterrâneos de Nazaré tentaram assassiná-lo. Os fariseus exigiam dele sucessivos milagres e demonstrações de poder, improvisavam-lhe constantes armadilhas para incriminá-lo, e em diversas ocasiões esforçaram-se para prendê-lo e levá-lo à morte. Diversas vezes, sacerdotes e escribas procuraram confundi-lo em público, com indagações maliciosas, buscando contestar-lhe a autoridade e os ensinos. A genitora de dois dos seus apóstolos rogou-lhe favores de precedência, em detrimento de outros, para prestigiar seus filhos no reino dos anjos. Beneficiários de sua bondade expulsaram-no de suas cidades, e outros ingratamente o esqueceram. Atraiçoado por um dos seus mais íntimos seguidores, foi negado por amigos diletos, julgado em processo clamorosamente iníquo, açoitado e coroado de espinhos, e finalmente pendurado num madeiro infamante, entre dois ladrões.

Apesar de tudo isso, o Mestre Divino foi sempre, invariavelmente, o exemplo vivo do trabalho incessante, do perdão incondicional e do amor sem limites. Peregrinando a pé, sem títulos e sem bens materiais, pelas estradas poeirentas de vastas regiões, nunca se cansou de ensinar e praticar o bem que ajuda e salva.

Assinala Emmanuel, em seu "Caminho, Verdade e Vida", que

"Nos transes aflitivos a criatura demonstra sempre onde se localizam as forças exteriores que lhe subjugam a alma.

Nas grandes horas de testemunho, no sofrimento ou na morte, os avarentos clamam pelas posses efêmeras, os arbitrários exigem a obediência de que se julgam credores, os supersentimentalistas reclamam o objeto de suas afeições.

Jesus, todavia, no campo supremo das últimas horas terrestres, mostra-se absoluto senhor de si mesmo, ensinando-nos a sublime identificação com os propósitos do Pai, como o mais avançado recurso de domínio próprio.

Ligado naturalmente às mais diversas forças, no dia do Calvário não se prendeu a nenhuma delas.

Atendia ao governo humano lealmente, mas Pilatos não o atemoriza.

Respeitava a lei de Moisés; entretanto, Caifás não o impressiona.

Amava enternecidamente os discípulos; contudo, as razões afetivas não lhe dominam o coração.

Cultivava com admirável devotamento o seu trabalho de instruir e socorrer, curar e consolar; no entanto, a possibilidade de permanecer não lhe seduz o espírito.

O ato de Judas não lhe arranca maldições.

A ingratidão dos beneficiados não lhe provoca desespero.

O pranto das mulheres de Jerusalém não lhe entibia o ânimo firme.

O sarcasmo da multidão não lhe quebra o silêncio.

A cruz não lhe altera a serenidade.

Suspenso no madeiro, roga desculpas para a ignorância do povo.

Sua lição de domínio espiritual é profunda e imperecível. Revela a necessidade de sermos "nós mesmos", nos transes mais escabrosos da vida, de consciência tranqüila elevada à Divina Justiça e de coração fiel dirigido pela Divina Vontade."

Oportuno parece-nos, por isso, recordar aqui a prece de Gúbio, registrada por André Luiz no livro "Libertação":

"— Senhor Jesus!
Nosso Divino Amigo...
Há sempre quem peça pelos perseguidos,
mas raros se lembram de auxiliar os perseguidores!
Em toda parte, ouvimos rogativas
em benefício dos que obedecem,
entretanto, é difícil
surpreendermos uma súplica
em favor dos que administram.
Há muitos que rogam pelos fracos
para que sejam, a tempo, socorridos;
no entanto, raríssimos corações
imploram concurso divino para os fortes,
a fim de que sejam bem conduzidos.
Senhor, tua justiça não falha.
Conheces aquele que fere e aquele que é ferido.
Não julgas pelo padrão de nossos desejos caprichosos,
porque o teu amor é perfeito e infinito...
Nunca te inclinaste tão-somente

para os cegos, doentes e desalentados da sorte,
porque amparas, na hora justa,
os que causam a cegueira, a enfermidade e o desânimo...

Se salvas, em verdade, as vítimas do mal,
buscas, igualmente, os pecadores, os infiéis e os injustos.

Não menoscabaste a jactância dos doutores
e conversaste amorosamente com eles
no templo de Jerusalém.
Não condenaste os afortunados e, sim, abençoaste-lhes as obras úteis.

Em casa de Simão, o fariseu orgulhoso,
Não desprezaste a mulher transviada,
ajudaste-a com fraternas mãos.
Não desamparaste os malfeitores,
aceitaste a companhia de dois ladrões, no dia da cruz.
Se tu, Mestre,
O Mensageiro Imaculado,
assim procedeste na Terra,
quem somos nós,
Espíritos endividados,
para amaldiçoarmo-nos, uns aos outros?

Acende em nós a claridade dum entendimento novo!
Auxilia-nos a interpretar as dores do próximo por nossas próprias
dores.

Quando atormentados,
faze-nos sentir as dificuldades daqueles que nos atormentam
para que saibamos vencer os obstáculos em teu nome.
Misericordioso amigo,
não nos deixes sem rumo,
relegados à limitação dos nossos próprios sentimentos...
Acrescenta-nos a fé vacilante,
descortina-nos as raízes comuns da vida,
a fim de compreendermos, finalmente,
que somos irmãos uns dos outros.

Ensina-nos que não existe outra lei,
fora do sacrifício,
que nos possa facultar o anelado crescimento
para os mundos divinos.

Impele-nos à compreensão do drama redentor
a que nos achamos vinculados.
Ajuda-nos a converter o ódio em amor,
porque não sabemos,
em nossa condição de inferioridade,
senão transformar o amor em ódio,
quando os teus desígnios se modificam, a nosso respeito.
Temos o coração chagado e os pés feridos
na longa marcha, através das incompreensões que nos são próprias,
e nossa mente, por isto,
aspira ao clima da verdadeira paz,
com a mesma aflição
por que o viajor extenuado no deserto
anseia por água pura.

Senhor,
infunde-nos o dom
de nos ampararmos mutuamente.
Beneficiaste os que não creram em Ti,
protegeste os que te não compreenderam,
ressurgiste para os discípulos que te fugiram,
legaste o tesouro
do conhecimento divino
aos que te crucificaram e esqueceram...

Por que razão, nós outros,
míseros vermes do lodo ante uma estrela celeste,
quando comparados contigo,
recearíamos estender dadivosas mãos
aos que nos não entendem ainda?! ..."

Se, pois, leitor amigo, te sentes oprimido ou rejeitado, sofrendo a malquerença ou a solidão, a dor pungente que acicata o corpo e amarfanha a alma, lembra-te do Mestre, perseguido e abandonado, e atende ao apelo divino do perdão e do trabalho, mesmo que chores. Como diz Emmanuel,

"o paraíso já estaria na Terra se ninguém tivesse razões para chorar. Considerando assim, Jesus, que era o Mestre da confiança e do otimismo, chamava ao seu coração todos os que estivessem cansados e oprimidos sob o peso de desenganos terrestres. Não amaldiçoou os tristes: convocou-os à consolação. Muita gente acredita na lágrima sintoma de fraqueza espiritual. No entanto, Maria soluçou no Calvário; Pedro lastimou-se, depois da negação; Paulo mergulhou-se em pranto às portas de Damasco; os primeiros cristãos choraram nos circos de martírio... Prantearam e seguiram o caminho do Senhor, sofreram e anunciaram a Boa Nova da Redenção, padeceram e morreram leais na confiança suprema. O cansaço experimentado por amor ao Cristo converte-se em fortaleza, as cadeias levadas ao seu olhar magnânimo transformam-se em laços divinos de salvação. Caracterizam-se as lágrimas através de origens específicas. Quando nascem do desespero, são venenos mortais; no entanto, quando nascem da dor sincera e construtiva, são filtros de redenção e vida."

VIII — OS PERSONAGENS

O Mestre Divino não desceu sozinho dos Céus para realizar sua missão na Terra. Fez-se acompanhar de uma equipe maravilhosa de Espíritos sublimes, provenientes, alguns deles, de paragens radiosas e longínquas. Muitos se mantiveram no plano espiritual, secundando o trabalho do Messias, sendo justo nomearmos, dentre estes, o Anjo Gabriel, anunciador da vinda do Batista e do próprio Jesus. Dentre os encarnados que assistiram de perto o Nazareno, figuram, sua excelsa mãe Maria; José, seu pai putativo; seu precursor João Batista; o sacerdote Zacarias e sua esposa Isabel; o velho Simeão e a profetisa Ana; os apóstolos Pedro e seu irmão André; Tiago e João (filhos de Zebedeu); o evangelista Mateus; Felipe, Bartolomeu, Simão (o Zelote), Tomé, Tiago (filho de Alfeu) e o infortunado Judas Iscariotes, substituído mais tarde por Matias. Além desses, impossível esquecermos Lázaro e suas irmãs Marta e Maria de Betânia, Natanael e José de Arimatéia; nem podemos olvidar os que se projetaram magnificamente na sustentação e na divulgação dos Evangelhos, Paulo de Tarso à frente, Estevão; Barnabé e Ananias; Gamaliel; Lucas e Marcos; Silas e Timóteo. Cometeríamos igualmente lapso imperdoável se esquecêssemos nesta relação de belas almas a imortal Maria de Magdala, a meiga Abigail, a fiel Joana de Cusa, Jairo e Zaqueu. Não podemos relacionar a todos, que foram muitos, a maioria dos quais sem nomes registrados pela História. Todos eles são Espíritos bem-aventurados, a quem devemos o mais acrisolado respeito e as mais altas homenagens; e dos quais suplicamos as bênçãos sublimais.

Houve, porém, os que se celebrizaram negativamente, para tristeza deles, embora quase todos já estejam agora redimidos. São eles: o rei Herodes, o Grande, exterminador de crianças indefesas, e seu filho Antipas, perseguidor de Simão Pedro e assassino de João Batista e Tiago Boanerges; Pôncio Pilatos, governador da Judéia; Anás e Caifás, sumos sacerdotes de Israel; Salomé e Herodias, insensatas cortesãs; e outros cujos nomes a História não guardou, especialmente entre os escribas e os fariseus do tempo. Para todos eles o nosso pensamento fraternal, perdoados que foram pelo próprio Cristo.

Ainda há certos outros que, por diferentes razões, nos freqüentam a lembrança, como participantes diretos dos acontecimentos que tiveram lugar naqueles dias inesquecíveis. São, por exemplo, os Magos do Oriente, a mulher cananéia, Dimas, os discípulos de Emaús, o cego de nascença, Barrabás, o eunuco Candace, a mulher samaritana, a adúltera que queriam apedrejar, o cego de Jericó, o paralítico da piscina, o filho da viúva de Naim, e tantos mais que viram a Jesus e se relacionaram com Ele naqueles dias heróicos. Para todos, os nossos votos de luz e paz.

IX — SÚPLICA

Senhor Jesus!

Suplicamos que recebas esta modesta homenagem que os teus humílimos servos te oferecem.

Não necessitas dos nossos pobres louros, nem das pálidas flores que brotam dos nossos corações no chão terrestre, mas sabemos que não desprezas os balbúcios de ternura dos teus mais apagados serviçais.

Bem sabes que te amamos, e como desejamos entronizar-te em nossas almas, para levar a tua mensagem de paz e salvação aos irmãos que também anseiam pelas tuas bênçãos e tanto precisam de ti!

Abraça-nos, Senhor, com a luz do teu carinho infinito, e deixa que encontremos, na tua augusta presença, força e inspiração para a nossa jornada redentora.

Desculpa-nos a ignorância e a pequenez, perdoa-nos a inaptidão de aprendizes canhestros da tua bondade, e fortalece-nos na coragem e na fé, para que possamos seguir-te os exemplos gloriosos.

Acolhe-nos, Senhor, os bons propósitos, ilumina os que te ignoram a generosidade compassiva, e multiplica as energias dos que, em teu nome, velam, neste mundo, pelas ovelhas tresmalhadas do teu imenso rebanho.

Concede, ó Cristo Excelso, que melhor te conheçamos e te amemos, para que, jungidos a ti, alcancemos, um dia, a suprema ventura da união celestial com o nosso Eterno Pai!

Humildemente,

Áureo

NOTÍCIAS
DO COTIDIANO

PÓ DA TERRA

Estamos a 20 de maio de 1987. Consulto displicentemente o dicionário e vejo: "Pó: aglomerado de partículas secas de terra, grânulos de barro desidratado, poeira, globulitos enxugados de lama, farelo de lodo ressequido, coisa sem valor, argila..." Folheio, a seguir, o "Jornal do Brasil", e leio:

"COMPLEXIDADE DA ARGILA ENCANTA OS CIENTISTAS E PODE EXPLICAR A VIDA — Os cientistas estão descobrindo uma surpreendente complexidade na argila. Microscopicamente, ela aparece sob variadas formas, organizada em camadas, tubos, discos e anéis. Tem energia. E dispara intrincadas reações químicas, além de sugar produtos tóxicos do meio ambiente. Isto é o que os cientistas sabem, até agora, com certeza. Mas agora os pesquisadores descobrem que a argila é capaz de estocar informações e fazer réplicas de si mesma. Obcecados, os cientistas especulam que essas propriedades podem dar uma resposta mais consistente ao mistério da origem da vida. A complexidade do barro começa a ficar em foco, graças à ajuda de novos microscópios e feixes luminosos que revelam fenômenos estruturais em escalas mínimas. Algumas dessas propriedades são conhecidas há muito tempo. Ele foi um dos primeiros catalisadores no refino do petróleo, por exemplo. Em pequenas quantidades, pode acelerar em mais de 10 mil vezes os processos químicos. Mas os físicos, químicos e geólogos estão começando a entender como é que se organiza a estrutura atômica na superfície da argila, onde se dão as reações mais significativas. "Quando um cientista fala da argila no mundo natural, está falando na mais complexa área da bioquímica", disse Hyman Hartman, do Instituto de Tecnologia de Massachusetts. Ela é produto do trabalho de milhares de anos, resultado da quebra e do esmagamento de pedras que se dissolveram e se cristalizaram novamente em partículas. A água prontamente ocupou os minúsculos espaços, dando-lhe sua familiar maleabilidade. Num certo sentido, a argila é o precursor dos semicondutores que deflagraram a revolução do computador e dos supercondutores recém-descobertos, que vêm transformando as tecnologias da eletricidade e do magnetismo. Tal como esses modernos materiais de cerâmica, a argila é um cristal, com suas moléculas dispostas ordenadamente e dotado de incríveis propriedades eletrônicas. "Se você bater com um martelo num pedaço de barro, ele soltará energia ultravioleta durante um mês", disse Leila Coyne, da Universidade Estadual de San José, na Califórnia. FORMA VIVA — Coyne mostrou que as irregularidades moleculares — os "defeitos" — na estrutura cristalina do barro dão-lhe a capacidade de estocar energia e de reemiti-la. Este é um dos mistérios que atormentam os cientistas. "Se você pensa numa forma viva", diz Leila Coyne, "está admitindo que ela é capaz de tirar energia do ambiente e de devolvê-la quimicamente alterada. A estocagem, a coleção e a transferência de energia são provavelmente a exigência mais fundamental de um sistema dotado de vida". Como a maior parte dos semicondutores, o barro é composto de silício, contendo, por definição, átomos de alumínio e de oxigênio. Como os novos supercondutores, seus cristais formam camadas que se distribuem principalmente em duas dimensões. Os geólogos classificaram a argila em muitos tipos, alguns deles compostos de ferro ou magnésio, mas todos são óxidos de alumínio e de silício, e todos partilham a estrutura molecular distribuída em camadas. Essas camadas aparecem em variadas formas e têm como parte mais importante a sua superfície, onde ocorrem os mais interessantes eventos moleculares, que fazem da argila uma poderosa usina química. Além da sua função catalisadora, a superfície argilosa é também muito eficaz na neutralização de venenos químicos, até mesmo o lixo radioativo. "Os metais pesados, que são tóxicos e radioativos, ficam para sempre na superfície, porque são atraídos por suas cargas elétricas", disse Pierre Laszlo, da Universidade de Liège, na Bélgica. Mas é a peculiar habilidade do barro em misturar ordem e desordem que deixa os cientistas intrigados. A superfície do barro, que se parece com um tabuleiro de xadrez, tem muitos lugares em que um tipo de íon pode ser substituído por outro, mudando sutilmente o comportamento de todo o cristal. "O barro não é apenas idealmente cristalizado", diz Laszlo, "pois ele tem microdomínios que são amorfos — os domínios da desordem, onde ocorre a catálise. Podem-se observar deslocamentos, porque estão faltando alguns átomos, ou uma fratura, e nessas irregularidades localizadas é que ocorrem as ligações e as reações químicas". Assim, a argila situa-se a meio caminho entre a dureza e a regularidade de um tabuleiro de xadrez encontrada nos cristais, como no sal ou no gelo, e a sutil e cambiante forma de um organismo vivo. É isso que seduz os que querem explicar a origem da vida."

•

Diante disso, abro a Bíblia, e anoto: "Então formou o Senhor Deus o homem do pó da terra, e lhe soprou nas narinas o fôlego da vida, e o homem passou a ser alma vivente." (Gênesis, 2:7.) — "Do suor do rosto comerás o teu pão, até que tornes à terra, pois dela foste formado; porque és pó e ao pó tornarás." (Gênesis, 3:19.) — "Todos vão para o mesmo lugar; todos procedem do pó e ao pó tornarão." (Eclesiastes, 3:20.) — "Mas agora, ó Senhor, tu és nosso Pai, nós somos o barro, e tu o nosso oleiro; e todos nós somos obra das tuas mãos." (Isaías, 64:8.) — "Enquanto estou no mundo, sou a luz do mundo, disse Jesus. Dito isso, cuspiu na terra e tendo feito lodo com a saliva, aplicou-o aos olhos do cego, e lhe disse: vai lavar-te no tanque de Siloé. Ele foi, lavou-se e voltou vendo." (João, 9:5-7.)

Lembro-me então das palavras de Áureo, em "Universo e Vida": "O Princípio Espiritual é o gérmen do Espírito, a protoconsciência. Uma vez nascido, jamais se desfará, jamais morrerá. Filho de Deus Altíssimo, inicia então a sua lenta evolução, no espaço e no tempo, rumo ao principado celeste, à infinita grandeza crística.

Durante milênios vai residir nos cristais, em longuíssimo processo de autofixação, ensaiando aos poucos os primeiros movimentos internos de organização e crescimento volumétrico, até que surja, no grande relógio da existência, o instante sublime em que será liberado para a glória orgânica da vida."

Confiro isso em Roustaing ("Os Quatro Evangelhos"): "A essência espiritual, que no mineral reside, não é uma individualidade, não se assemelha ao pólipo que, por cissiparidade se multiplica ao infinito. Ela forma um conjunto que se personifica, que se divide, quando há divisão na massa em conseqüência da extração, e atinge desse modo a individualidade, como sucede com o princípio que anima o pólipo, com o princípio que anima certas plantas. A essência espiritual sofre, no reino mineral, sucessivas materializações, necessárias a *prepará-la* para passar pelas formas intermédias, que participam do mineral e do vegetal. Dizemos — *materializações*, por não podermos dizer encarnações para estrear-se como *ser*."

Vou agora a André Luiz ("Evolução em Dois Mundos") e constato-lhe as afirmações: "Das cristalizações atômicas e dos minerais, dos vírus e do protoplasma, das bactérias e das amebas, das algas e dos vegetais do período pré-câmbrico, aos fetos e às licopodiáceas, aos trilobites e cistídeos, aos cefalópodes, foraminíferos e radiolários dos terrenos silurianos, o princípio espiritual atingiu os espongiários e celenterados da era paleozóica, esboçando a estrutura esquelética."

Cristais! São eles a primeira morada terrena do Princípio Espiritual em formação. É neles que o Gérmen do Espírito inicia e consolida os seus primeiros ensaios de autofixação para a individualidade. Barro, lama, lodo, pó da terra, argila, não são coisas sem valor... São o primeiro casulo, a primeira e gloriosa vestimenta dos fetos espirituais, dos futuros anjos do infinito, nas vésperas do seu definitivo nascimento para a Vida!

TEMPO E LUZ

Em trabalho publicado na página 14 da edição de 2 de agosto de 1987, do "Jornal do Brasil", Jorge Luiz Calife assim se expressa:

"Quem leu "Alice no País das Maravilhas", de Lewis Carrol, deve-se lembrar da fantasmagórica figura do Gito Ceshire, que desapareceria no ar, deixando apenas o seu sorriso brilhando no nada. Na natureza, existe algo semelhante na forma de uma partícula subatômica chamada neutrino (ou *pequeno nêutron*). Ao contrário dos prótons, elétrons e nêutrons, que têm massa e/ou carga elétrica, o neutrino é um fantasma sem luz, atravessando estrelas ou planetas sem sofrer nenhuma alteração. Um neutrino é capaz de varar uma parede de chumbo de mil quilômetros de espessura como se ela fosse fumaça. Neutrinos são produzidos pelas reações atômicas ocorridas no interior do Sol (ou no início do Universo) e atualmente os cientistas procuram capturar neutrinos vindos dos confins do espaço. Por não serem alterados pela passagem através da matéria sólida, tais neutrinos seriam uma rica fonte de informações sobre as condições existentes no início do tempo (como viajam à velocidade da luz, onde o tempo pára, toda a eternidade para um neutrino está cumprida num segundo e por isso ele não se altera. Fica congelado, no tempo, como os fótons, ou partículas de luz). Para capturar esses fantasmas da aurora do universo, cientistas soviéticos e norte-americanos constroem imensos tanques cheios de um fluido especial, que muda de composição química se for atingido por um neutrino. Esses tanques são colocados no fundo de minas profundas, protegidas por quilômetros de rocha, de modo que só os neutrinos possam chegar lá. Trata-se de um empreendimento caríssimo. Mas, como um detetor de neutrinos também é um ótimo detetor de explosões nucleares subterrâneas, tanto cientistas russos como cientistas americanos não tiveram problemas para levantar as verbas necessárias. As conseqüências da captura de um neutrino com características diferentes das dos neutrinos produzidos em laboratório mudariam o mundo e a história da Ciência."

•

Destaco dois, dentre os assuntos versados nos trechos transcritos, para a nossa meditação de espiritistas. O primeiro é o do limite físico do tempo, tal como o conhecemos, do tempo "humano", que deixa de existir além das fronteiras da velocidade da luz — conceito também relativo, pois se trata, por igual, da nossa luz física.

Quem deteve a sua atenção nos magníficos conceitos de "Sua Voz", citados por Áureo ("Universo e Vida", FEB, 2ª ed, p. 41), terá percebido o alcance da seguinte afirmação:

"Ao aparecer, pois, da forma protodinâmica, é que o universo se move pela primeira vez, é que se geram os movimentos siderais, é que a gravitação passa a guiá-lo (a lei onipotente instantaneamente disciplina toda sua manifestação) segundo o binário atração-repulsão, que compõe o binômio (+ e —, positivo e negativo) constitutivo de toda força, como de toda manifestação do ser. A substância adquire, na nova fase, a forma de consciência linear do vir-a-ser fenomênico, a primeira dimensão do sistema trino sucessivo ao espacial. NASCE O TEMPO. A protoforma da *energia* propaga-se. Com o movimento, nascem a direção, a corrente, a vibração, o ritmo, a onda. *Nasce o tempo*, que mede a velocidade de transmissão. O universo é todo invadido por uma palpitação nova, de mais intensa, de mais rápida transformação."

Sendo o tempo uma das grandes dimensões do nosso universo, é essencial à nossa vida e à nossa jornada evolutiva, mas somente nos estágios menos elevados de grandeza espiritual em que ainda nos encontramos sobre a Terra, pois sempre chega o momento sublime em que a angelização do Espírito o liberta dos limites físicos do tempo e do espaço, tornando-o "cidadão" dos Universos, que ele passa a poder livremente percorrer, com a força do pensamento, acionado pelo poder da vontade, a uma velocidade tão "instantânea", que é como se não precisasse realmente *deslocar-se*.

Isso nos dá uma pálida idéia daquela concepção divinatória, tão antiga e tão inimaginável, mas nem por isso mítica, da *onipresença*, essa onipresença que, em se tratando do Criador, passa a ser *imanência*, intemporalidade absoluta, ou seja: *eternidade*. É o que dizem os Autores dos "Quatro Evangelhos", compilados por Roustaing, quando afirmam:

> "Sim, vós, nós, todos, todos, exceto Aquele que foi e será desde e por toda a eternidade, todos fomos, na nossa origem, essência espiritual, princípio de inteligência..."

Não foi, decerto, por diversa razão, que os Espíritos Reveladores disseram a Allan Kardec ("O Livro dos Espíritos"), em resposta à Pergunta nº 85, que o mundo espírita "preexiste e sobrevive a tudo". E que esse *mundo espírita*, superior e abrangente, é eterno, porque Deus é eterno e jamais deixou de criar, como afirmou Jesus: "Meu Pai não cessa de trabalhar, e Eu trabalho também." (João, 5:17.)

O tempo é uma dimensão física que nasce do movimento, mas quando este supera a velocidade da luz, o tempo não consegue acompanhá-lo, anula-se, extingue-se. É por essa razão que a Física Quântica considera o *tempo-espaço* uma só dimensão, porque o tempo e o espaço são função um do outro e os dois inexistem separados. Quando o Espírito se *diviniza* ("Eu e o Pai somos um"), também se *infinitiza*. O tempo e o espaço deixam de existir para ele, na comunhão com Deus.

O outro assunto que desejo destacar, que decorre do já comentado, é o da natureza do *fóton*, que é a mais nobre forma de matéria e se situa na fronteira do mundo extrafísico. Diz Áureo ("Universo e Vida", pág. 111):

"Para apresentar-se visível e tangível na superfície da crosta terráquea, teve o Cristo Planetário de aceitar voluntariamente intraduzível tortura cósmica, indizível e imensa, ainda que quase de todo inabordável ao entendimento humano. Primeiro, obrigou-se à necessidade de abdicar, por espaço de tempo que para nós seria longuíssimo, da sua normal ilimitação de Espírito Cósmico e ao seu trono no Sol, sede do Sistema, transferindo-se do centro estelar para a fotosfera, onde lhe foi possível o primeiro e doloroso mergulho na matéria, através do revestimento consciente do seu mentespírito com um tecido energético de fótons."

Para nós, espíritas, não é tão estranhável assim que a primeira etapa da materialização crística tenha consistido em o Cristo revestir-se de luz, de luz eletromagnética, terrena. Segundo Áureo, existem *fontes luminosas* ainda ignoradas pela Ciência humana, "além das faixas de freqüências das ondas conhecidas por radiações ultravioleta, radiações X, radiações gama e radiações cósmicas", porque "pulsam no Universo as radiações mentais, as angélicas, e, sobretudo, as radiações divinas".

Os leitores de André Luiz e de outros Mensageiros já se acostumaram às descrições das auras luminosas dos desencarnados, nas suas variadas expressões de brilho e coloração e nos seus correspondentes efeitos. A Bíblia também está repleta de notações a esse respeito: "Disse Deus: haja luz!" (Gênesis, 1:3); "O Senhor derrama luz nas minhas trevas" (Samuel, II, 22:29); "... terra onde a própria luz é tenebrosa" (Jó, 10:22), etc. Realmente, não foi sem motivo que o nosso Divino Mestre nos exortou, dizendo: "Brilhe a vossa luz!" (Mateus, 5:16.) Nem foi por mero acaso que o Apóstolo João declarou, em sua primeira epístola (1:5), que DEUS é LUZ.

QUESTÃO DE PODER

Não são poucos, ainda hoje, os orgulhosos negadores da existência de Deus e dos Espíritos, a partir da vaidosa afirmação de que tudo quanto a nossa humana Ciência conhece até agora, no Universo, não passa de energia conversível em matéria ou de matéria sob a forma de energia. Deduzem, desse modo, que se a nossa esplêndida Ciência, já coroada de tão magníficas conquistas, nada sabe sobre o Espírito, será porque o Espírito não existe, ou, pelo menos, não passa de remota hipótese, meramente especulativa ou romântica, destituída de qualquer fundamento científico.

Eis, porém, que essa exagerada soberbia acaba de esboroar-se, como um castelo de cartas desabado a simples sopro de vento. É que, diante de um novo desafio de capacidade investigadora, os nossos respeitáveis cientistas estão sendo forçados a reconhecer que o engenho humano ainda não progrediu o suficiente sequer para analisar com êxito a intimidade física dos fenômenos que se processam no reino das grandezas de diminuta expressão.

Esse reconhecimento, que põe fim definitivo à arrogante postura dos negadores a que me referi, decorre do surgimento da nova teoria que vem revolucionando os meios científicos do nosso mundo, ou seja, a "Teoria das Cordas". O "Jornal do Brasil" ocupou-se deste assunto em sua recente edição de 27 de setembro de 1987, primeiro caderno, página 20, onde no bojo de amplo noticiário lê-se o seguinte:

"A teoria das cordas, um modelo para o universo do infinitamente pequeno, no qual as partículas atômicas se tornam minúsculos cordões em frenética vibração numa escala submicroscópica, está entusiasmando a comunidade dos físicos. Embora a teoria ainda não tenha sido desenvolvida até suas últimas conseqüências, tem o potencial de realizar o sonho de Albert Einstein: uma teoria unificada que englobasse todas as forças básicas da natureza, considerando-as uma só força."

A reportagem transcreve estas declarações do eminente físico teórico inglês Peter West, do Centro Europeu de Pesquisas Nucleares, na Suíça:

— "Primeiro tivemos as leis de Newton, que explicavam o movimento dos corpos como o produto da ação de forças agindo entre eles. Mas, no mundo do interior do átomo, as leis de Newton não se aplicam e tiveram que ser substituídas pela mecânica quântica. A mecânica quântica imagina que existe uma partícula responsável por cada força da natureza. Assim, dentro da visão quântica do Universo, a força da gravidade é produzida por uma partícula chamada graviton; a força eletromagnética seria o produto das partículas de luz, os fótons; enquanto as forças nucleares fortes (que mantêm coesos os núcleos dos átomos) e fraca (responsável pela radioatividade) seriam o produto de duas partículas, os glúons — de *glue*, cola em inglês, a cola que mantém unidas as partículas no núcleo do átomo — e os bósons."

O problema crucial que o estudo muito claramente coloca é este:

"Uma teoria da Física é apenas um modelo matemático para os fenômenos observados na natureza. Se a teoria descreve bem o que está acontecendo, ela é aceita, se contradiz é rejeitada. O problema com a teoria das cordas é que ela descreve fenômenos que estão acontecendo num nível de grandeza tão pequeno, que para exprimi-lo teríamos que dividir a distância de um centímetro por um número formado pelo algarismo 1 seguido de 33 zeros. Nenhum instrumento da Ciência moderna é capaz de sondar uma coisa tão pequena."

Aí está a grande confissão a que me reportei, isto é: a atual limitação, ainda enorme, da nossa capacidade científica, para ir muito longe na investigação efetiva de importantes fenômenos físicos que se processam na intimidade da matéria. "Recentemente — diz a notícia —, o físico paquistanês Abdus Salam, Prêmio Nobel de Física em 1979, propôs que esse tipo de experiência teria mais chances de sucesso se fosse feito na superfície da Lua. Se assim for, a verificação da validade da teoria das cordas terá que aguardar o desenvolvimento da exploração do espaço: uma curiosa situação em que a compreensão do microcosmo dependeria do avanço do homem no macrocosmo."

Eis aí desmascarado o disparate dos negativistas do Espírito, quando invocam o que é realmente a ainda notória ignorância da Ciência Humana, para ironizar gratuitamente a existência de Deus e a realidade da vida espiritual, esquecidos de que uma Ciência que, apesar de tudo, ainda não possui conhecimento nem instrumentais suficientes de investigação sequer para estudar completamente a própria matéria, não dispõe, por enquanto, da menor capacidade para detectar ou compreender o Espírito.

Áureo tem, pois, inteira razão quando afirma, em seu livro "Universo e Vida", que

"seria rematada ingenuidade supor que a Ciência humana terrestre chegará rapidamente à solução definitiva dos seus problemas substanciais, porque precisará realizar, antes disso e para isso, duas conquistas fundamentais: primeiro, terá de reconhecer, por seus próprios meios, suas averiguações, seus cálculos e suas induções, senão a certeza, pelo menos a probabilidade da existência do Espírito e das dimensões *espirituais* da Vida; e segundo, construir novas aparelhagens e sobretudo novos métodos de investigação para penetrar nesses novos domínios. Neste último caso, as dificuldades a vencer serão imensas, porque *somente o Espírito pode ver, identificar e examinar o Espírito*. Não se trata, portanto, tão-somente, de aperfeiçoar maquinismos e instrumentos técnicos, mas sim CONSCIÊNCIAS, através do desenvolvimento racional de FACULDADES PSICO-FÍSICAS capazes de serem utilizadas para a produção útil de fenômenos investigáveis".

E tem razão também quando observa:

"Enquanto, porém, não houver, na Terra, condições morais que justifiquem tão elevado tipo de cooperação aberta e indiscriminada, o Governo Espiritual do Planeta não facilitará condições nem circunstâncias que favoreçam o êxito maior de tentames dessa espécie, além dos limites da educação e do incentivo ao espírito perquiridor dos homens. É fácil de compreender que o intercâmbio livre e permanente com planos e forças superiores da vida não pode ser facultado a seres predadores, de baixo senso ético e ainda espiritualmente irresponsáveis. Por essa razão, a aceitação e a vivência dos princípios morais do Evangelho de Jesus são condições fundamentais a serem cumpridas, a fim de que as Inteligências Superiores outorguem ao Homem Terrestre o diploma de maioridade espiritual que lhe permitirá o Ingresso efetivo no mundo de relações com a Comunidade Cósmica a que pertence."

Uma questão de merecimento e de poder.

AS GRANDES CONTRADIÇÕES

Já está em curso em nosso mundo a gigantesca batalha final do Bem contra o Mal, pelo domínio definitivo do Planeta, o grande Armagedon. E enquanto as últimas sombras da noite moral lutam desesperadamente, neste fim de milênio, para preservar a escuridão das consciências, na decisiva madrugada dos destinos espirituais do nosso Orbe, as invencíveis claridades do radioso Sol do Amor já começam a impor a sua luz, às vésperas do excelso alvorecer da Nova Era.

O progresso tecnológico alcança índices jamais sonhados, enquanto a Ciência avança espetacularmente em suas descobertas em favor da Humanidade. O noticiário diário dos órgãos de divulgação não deixa a menor dúvida sobre as sucessivas conquistas que o engenho humano, bafejado pelas inspirações de Mais Alto, vem conseguindo, para dotar as novas gerações, do século XXI, de maravilhosos instrumentais destinados à aceleração dos processos evolutivos do gênero humano. As últimas premiações concedidas aos recentes galardoados pelo Prêmio Nobel espelham com nitidez a excelência das vitórias com que a inteligência enobrecida vem assinalando a sua marcha em prol de um futuro bem mais digno e saudável para os próximos habitantes da Terra. A grande imprensa do mundo inteiro tem dedicado espaços cada vez maiores para informar sobre estudos e pesquisas de elevado idealismo, tendentes a melhorar a qualidade de vida das populações de todos os países. Há menos de vinte anos não existiam em nosso mundo os microcomputadores, os videocassetes, as antenas parabólicas, os discos *laser*, a televisão em cores. Agora, já são realidades conseguidas e testadas com êxito, nos principais laboratórios do Globo, a fita digital de alta fidelidade, apta para perfeitas gravações sonoras e capaz de proporcionar regravações indefinidamente; o disquete flexível, ainda menor e mais poderoso do que a fita digital; *chips* de computador capazes de armazenar em pequenas pastilhas todo o imenso repertório musical do mundo; TV-*laser* em cores que dispensa telas, porque pode projetar sobre qualquer parede imagens superbrilhantes, codificadas e descodificadas em feixes de luz *laser*; telefones de pulso, computadores de bolso e satélites de radiodifusão que prescindem de estações terrestres e poderão ser usados por qualquer pessoa, em qualquer lugar e a qualquer momento: videofones acoplados a computadores miniaturizados, e outras muitas novidades, todas prometidas para fácil e ampla utilização por qualquer cidadão, em qualquer parte.

Os trabalhos de Donald J. Cram, Charles Pedersen e Jean Marie-Lehn, ganhadores meritórios do Prêmio Nobel de Química de 1987, acabam de abrir caminho para a descoberta e produção de moléculas sintéticas capazes de reconhecer e selecionar outras moléculas, aprisionando-as, isto é, retirando-as do meio em que se encontram, o que lhes define um elevado papel purificador. Essas novas moléculas, batizadas de *criptandos*, serão capazes de promover até mesmo a descontaminação radioativa de qualquer substância eletricamente carregada por ionização. Quem tomou conhecimento dos recentes desastres de radioatividade ocorridos na União Soviética e em Goiânia, pode fazer idéia da importância de que se reveste a função dos *criptandos*. Mas não é só isso. Essas moléculas sintéticas poderão retirar excessos de sódio do organismo humano e até limpar de metais pesados e poluidores a própria Baía de Guanabara.

Depois das experiências de Mueller e Bednoz, também laureados com o Nobel de Física este ano, computadores equipados com circuitos supercondutores vão melhorar as técnicas de diagnóstico com tomografia magnética, capaz de mapear o interior de um corpo vivo mais seguramente do que os raios X e os ultra-sons. Ainda mais: em conseqüência dessa nova tecnologia dos supercondutores, os veículos, mesmo trens magnéticos pesados, não mais precisarão de rodas, porque poderão flutuar no ar, a altíssimas velocidades, pois os supercondutores geram um campo magnético fortíssimo, através do chamado "efeito Misner".

O correspondente do "Jornal do Brasil" em Washington (José Meirelles Passos) informou, em 10 de outubro p.p., que cientistas norte-americanos divulgaram esta semana um importante mapa de localização, nos cromossomos, de genes humanos relacionados com predisposições a certas doenças. O mapa é parte de um grande projeto que visa a localizar os milhares de genes do total dos vinte e três cromossomos existentes em cada célula de nossos organismos e se destina a facilitar a pesquisa médica na prospecção das moléculas a serem combatidas em suas fontes fisiológicas de origem. Trata-se de valiosa contribuição para o tratamento preventivo de enfermidades como o câncer e diversos males cardiológicos; e, embora o mapa divulgado seja ainda a parte inicial do plano pretendido, já identifica cerca de quatro centenas de genes responsáveis por anormalidades diversas.

Também a "aids" vem sendo combatida com afinco. Noticiário do jornal "O Globo", de 17/10/1987, anuncia que cientistas soviéticos já descobriram os ácidos nucléicos que programam o processo de reprodução do vírus, que se alimenta das células sangüíneas. Por outro lado, o médico inglês Dalgleish, citado pelo correspondente Jader Oliveira, do "Jornal do Brasil", declarou haver obtido um primeiro pequeno, mas significativo bom resultado, na batalha contra essa terrível doença, utilizando um medicamento cujo princípio ativo é o ácido fucídico.

Infelizmente, porém, enquanto as forças nobres dos Céus e da Terra desenvolvem todos esses e outros não menores e meritórios esforços, em benefício da paz e do bem-estar dos terrícolas, as potências da iniqüidade multiplicam os seus recursos de mobilização para promover a destruição e a morte. "Os imensos salões do Sheraton Hotel, na Capital americana, fariam a alegria de qualquer grupo terrorista ou guerrilheiro nesta semana" — conta o correspondente Sílvio Ferraz, em alentada reportagem publicada pelo "Jornal do Brasil" de 18/10/1987, que dedicou mais de uma página de sua edição domingueira a noticiário sobre a produção e a comercialização de armamentos bélicos no mundo. "Cerca de 300 dos maiores fornecedores de armas do mundo ali estavam reunidos pela Associação do Exército Americano para uma das maiores exposições do setor" — prossegue o articulista. "Fábricas israelenses mostravam desde foguetes até as insuperáveis metralhadoras Uzzi — agora uma nova versão Micro Uzzi, capaz de ser levada sob o casaco sem despertar qualquer suspeita. Ingleses exibiam a versatilidade e resistência de suas camuflagens de náilon para baterias de canhões e helicópteros, armadas em apenas 12 minutos. Os belgas orgulhosos com seus fuzis-metralhadoras. Os gigantes dos armamentos americanos mostravam um leque de opções para os espíritos belicosos onde não faltava nada — de simples pistolas e granadas, até sofisticados sistemas de mísseis."

Em outra notícia, na mesma página, o jornal aborda as negociações para a venda, pelos Estados Unidos, à Arábia Saudita, de um bilhão de dólares em aviões de guerra F-15, tanques M-60 e outros petrechos bélicos, enquanto o Estado de Israel fazia esforços para evitar que os norte-americanos vendessem também, como pretendiam, à mesma Arábia Saudita, um mil e seiscentos mísseis Maverick.

Noutra página do mesmo jornal e do mesmo dia, outra longa matéria informativa dá contas de que "o avanço brasileiro no setor bélico já está sendo objeto de preocupação do governo americano". "Para os americanos — diz o noticiário — o fato de carros de combate e aviões brasileiros vendidos à Líbia terem sido repassados ao Irã, é intolerável." Mais adiante, diz a reportagem: "Nos próximos dias (semanas), o governo da Arábia Saudita vai divulgar o resultado de uma concorrência para o fornecimento de 500 tanques de guerra para suas Forças Armadas. Concorrem o AMX-40 francês, o T-72 soviético, o Abrams americano e o Osório brasileiro. A ira dos americanos contra a indústria bélica brasileira está justamente aí, no bolso. Um antigo cliente de caderninho agora compete lado a lado no fornecimento de armas ao atraente mercado do Terceiro Mundo. No qüinqüênio 81-85, os Estados Unidos foram os campeões na venda mundial de armas, com 38,7%, seguidos da União Soviética, com 27,6%."

Esses registros pouco dizem, na verdade, sobre o que está sendo em nosso mundo, nos dias atuais, a imensa arregimentação guerreira que febricita as nações de todos os continentes, sob a liderança cobiçosa e irresponsável das grandes potências, que falam de paz, mas abanam, em toda a parte, os fogaréus da destruição. Já é difícil encontrar-se no mapa do mundo alguma região que não esteja conturbada por conflitos de vulto, potenciais ou escancarados. E o Golfo Pérsico é agora um enorme barril de dinamite pronto para explodir.

Tudo isso evidencia que realmente os tempos previstos já chegaram. São as grandes contradições deste fim de milênio, antevéspera dos novos tempos que a vitória final do Bem garantirá ao mundo. Nestes tempos de tão grandes contradições, compete-nos trabalhar, orar e vigiar, guardando nos serviços fraternais do amor os nossos santuários.

Cristo vencerá.

APOCALIPSE

"Trabalhemos por Jesus, ainda que a nossa oficina esteja localizada no deserto das consciências."(EMMANUEL.)

Sexta-feira, 17 de outubro de 1987. É noite e vejo pela janela do meu quarto as gotículas de chuva brilhando, sob a luz das lâmpadas da rua, nas folhas verdes das árvores. Pensava na ingênua e sublime beleza dos sentimentos do então jovem e futuro evangelista João, quando, aconchegado a Jesus, se sentia como se fosse o preferido do Divino Mestre, "aquele a quem ele amava" (João, 13:25). Mais de sessenta anos se haviam passado desde aqueles dias gloriosos do Lago Tiberíades. João agora já era um ancião carregado de anos e um exilado na ilha de Patmos, ao tempo das sangrentas perseguições do Imperador Domiciano. Pedro fora crucificado. Paulo e Estêvão tinham sido mortos. Para ele, haviam também terminado os dias de cariciosa emoção vividos em Éfeso, na companhia da amada Mãe de Jesus. A situação do mundo era amargurosa, como assinalou Emmanuel em seu livro "A Caminho da Luz". "Todas as dádivas do Alto haviam sido desprezadas pela cidade imperial, transformada num vesúvio de paixões e de esgotamentos", segundo as suas palavras. Então, diz ele, "o Divino Mestre chama aos Espaços o Espírito João, que ainda se encontrava preso nos liames da Terra, e o Apóstolo, atônito e aflito, lê a linguagem simbólica do invisível. Recomenda-lhe o Senhor que entregue os seus conhecimentos ao Planeta como advertência a todas as nações e a todos os povos da Terra, e o velho Apóstolo de Patmos transmite aos seus discípulos as advertências extraordinárias do Apocalipse".

Sinto uma imensa emoção ao reler e sentir a divina beleza, a um tempo santa e terrível, dessa sublime mensagem, da qual emergem, claras e sonoras, em meio a um turbilhão de figurações simbólicas, as exortações do Cristo de Deus, candentes e inconfundíveis:

"(...) Jesus-Cristo, a fiel testemunha, o primogênito dos mortos e soberano dos reis da Terra (...) O Alfa e o Ômega (...), o primeiro e o último (...), o que tem as chaves da morte e do inferno!"

E que diz Ele em sua grande mensagem, ditada para os que têm olhos de ver, ouvidos de ouvir e discernimento para entender?

"Conheço as tuas obras, o teu labor e a tua perseverança, mas tenho contra ti que abandonaste o teu primeiro amor!"

•

"Conheço a tua tribulação, a tua pobreza, mas não temas as coisas que tens de sofrer. Sê fiel até a morte e dar-te-ei a coroa da vida!"

•

"Quem tem ouvidos ouça o que diz o Espírito: o vencedor, de nenhum modo sofrerá dano da segunda morte."

•

"Conheço as tuas obras, que tens nome de que vives, e estás morto. Sê vigilante, e consolida o resto que estava para morrer, porque não tenho achado íntegras as tuas obras na presença do meu Deus."

•

"Estas coisas diz o santo, o verdadeiro, aquele que tem a chave de Davi, que abre e ninguém fechará, e que fecha e ninguém abre: conheço as tuas obras — eis que tenho posto diante de ti uma porta aberta, a qual ninguém pode fechar —, que tens pouca força, entretanto guardaste a minha palavra e não negaste o meu nome. Porque guardaste a palavra da minha perseverança, também eu te guardarei na hora da provação que há de vir sobre o mundo inteiro, para experimentar os que habitam sobre a Terra."

•

"Conheço as tuas obras, que nem és frio nem quente. Quem dera fosses frio, ou quente!"

•

"Eu repreendo e disciplino a quantos amo. Sê, pois, zeloso."

•

"Eis que estou à porta e bato; se alguém ouvir a minha voz e abrir a porta, entrarei em sua casa e cearei com ele e ele comigo."

•

"Continue o injusto fazendo injustiça; continue o imundo ainda sendo imundo; o justo continue na prática da justiça, e o santo continue a santificar-se. Eis que venho sem demora, e comigo está o galardão que tenho para retribuir a cada um segundo suas obras."

Recordo, diante disso, as comovidas palavras do sábio Emmanuel, no livro já citado:

"Mas é chegado o tempo de um reajustamento de todos os valores humanos. Se as dolorosas expiações coletivas preludiam a época dos últimos "ais" do Apocalipse, a espiritualidade tem de penetrar as realizações do homem físico, conduzindo-as para o bem de toda a Humanidade. (...)

Ditadores, exércitos, hegemonias econômicas, massas versáteis e inconscientes, guerras inglórias, organizações seculares passarão com a vertigem de um pesadelo. (...)

Toda a realidade é a do Espírito e toda a paz é a do entendimento do reino de Deus e de sua justiça.

O século que passa efetuará a divisão das ovelhas do imenso rebanho. O cajado do pastor conduzirá o sofrimento na tarefa penosa da escolha e a dor se incumbirá do trabalho que os homens não aceitaram por amor.

Uma tempestade de amarguras varrerá toda a Terra. Os filhos da Jerusalém de todos os séculos devem chorar, contemplando essas chuvas de lágrimas e de sangue que rebentarão das nuvens pesadas de suas consciências enegrecidas. (...)

Todavia, os operários humildes do Cristo ouçamos a sua voz no âmago de nossa alma:

"Bem-aventurados os pobres, porque o reino de Deus lhes pertence! Bem-aventurados os que têm fome de justiça, porque serão saciados! Bem-aventurados os aflitos, porque chegará o dia da consolação! Bem-aventurados os pacíficos, porque irão a Deus!"

Sim, porque depois da treva surgirá uma nova aurora. Luzes consoladoras envolverão todo o Orbe regenerado no batismo do sofrimento. (...)

Trabalhemos por Jesus, ainda que a nossa oficina esteja localizada no deserto das consciências. (...)

Revendo os quadros da História do mundo, sentimos um frio cortante neste crepúsculo doloroso da civilização ocidental. Lembremos a misericórdia do Pai e façamos as nossas preces. A noite não tarda e, no bojo de suas sombras compactas, não nos esqueçamos de Jesus, cuja misericórdia infinita, como sempre, será a claridade imortal da alvorada futura, feita de paz, de fraternidade e de redenção."

TRANSFERÊNCIA DE TECNOLOGIA

A imprensa do mundo inteiro abriu largos espaços para divulgar com entusiasmo a concessão do Prêmio Nobel de Medicina ao biólogo japonês Susumu Tonegawa, pesquisador do Instituto de Tecnologia de Massachusetts, por sua descoberta sobre os fundamentos genéticos da produção das centenas de milhões de anticorpos que o organismo humano mobiliza para combater as doenças.

A descoberta de Tonegawa representa realmente preciosa dádiva dos Céus, em benefício da eugenia das novas gerações humanas, porque alarga consideravelmente os horizontes e as concepções da genética, modifica a visão científica da realidade do nosso sistema imunológico e abre caminho para a futura produção de melhores vacinas, para o aprimoramento artificial dos genes e para mais exata compreensão da verdadeira estrutura dos cromossomos e dos processos celulares de sintetização das proteínas. Quebrando dogmas e tabus em tão importante campo dos conhecimentos biofísicos e médicos, amplia igualmente o respeito e a admiração que devemos ao mecanismo do corpo humano, doação divina que é, para morada transitória, mas necessária, do nosso Espírito imortal em seu carreiro evolutivo.

Isso nos faz entender como a vestimenta carnal que nos envolve a alma é infinitamente mais rica de recursos defensivos do que imaginávamos, obrigando-nos a uma gratidão ainda maior ao Eterno Criador e Amoroso Pai a quem tudo devemos.

Pensávamos que as proteínas produzidas no interior das células pelos ribossomos sob a coordenação do material genético (DNA) e armazenadas, antes de sua exportação, nas cisternas do complexo de Golgi, pudessem ser codificadas cada uma por um único gene dos nossos cromossomos orgânicos. Imaginávamos também que somente depois de efetivamente golpeado por um agente agressor nosso organismo poderia organizar as suas defesas, em processo repressivo. Estamos agora informados de que nosso cosmo orgânico é capaz de detectar de imediato qualquer tentativa de agressão à sua saúde e mobilizar prontamente defesas seguras contra o assédio indesejável, mesmo sem conhecer previamente a natureza do mal que o ameaça.

Cresce com isso, imensamente, a nossa admirada deferência e respeitosa consideração para com a célula, essa menor e tão poderosa unidade morfológica e fisiológica dos seres vivos, que possui todas as características básicas da vida, o metabolismo, o anabolismo, a respiração, a reprodução e a capacidade de reagir de imediato a todas as modificações ambientais, até mesmo quando é única e solitária, como no caso dos protozoários ou dos protófitos. E que dizer do ácido desoxirribonucléico, o DNA? Como admirar-lhe o poder, se passamos a saber que bastam partes dele para se distribuírem instantaneamente com células embrionárias, para produzir anticorpos, à base de proteínas, e combater vírus e bactérias que ataquem o organismo?

Como é admirável a criação divina, a partir do nosso próprio invólucro carnal, cujo metabolismo mais nos parece um indizível milagre! Se a obra do nosso Divino Pai é assim tão magnificente na construção da nossa provisória veste perecível, que pensar então das maravilhas que ainda desconhecemos a respeito do nosso próprio Ser imortal?

Mas poderá alguém estranhar que louvemos tanto aos Céus pelo trabalho de um homem, ao invés de nos determos em calorosos elogios ao gênio do aventurado pesquisador tão justamente laureado. O doutor Tonegawa merece, de fato, todo o nosso melhor reconhecimento, mas acontece que, como disse o Apóstolo Tiago (1:17), "todo dom perfeito vem do Alto".

Muita gente indaga ironicamente por que os Espíritos desencarnados não contribuem com novos conhecimentos e revelações para o progresso técnico-científico dos encarnados, transmitindo através dos médiuns fórmulas novas para curas de males ou inventos espetaculares, imaginando-os inexistentes ou increpando-os de omissos, como se eles, para provar que existem ou se interessam por seus irmãos terrestres, pudessem ou devessem interferir acintosamente no destino dos encarnados. Desde os tempos da Codificação do Espiritismo esse assunto foi objeto de consideração. Comentando esse tema, escreveu Allan Kardec, a respeito da Questão 525 de "O Livro dos Espíritos":

"Imaginamos erradamente que aos Espíritos só caiba manifestar sua ação por fenômenos extraordinários. Quiséramos que nos viessem auxiliar por meio de milagres e os figuramos sempre armados de uma varinha mágica. Por não ser assim é que oculta nos parece a intervenção que têm nas coisas deste mundo e muito natural o que se executa com o concurso deles.

Assim é que, provocando, por exemplo, o encontro de duas pessoas, que suporão encontrar-se por acaso; inspirando a alguém a idéia de passar por determinado lugar; chamando-lhe a atenção para certo ponto, se disso resulta o que tenham em vista, eles obram de tal maneira que o homem, crente de que obedece a um impulso próprio, conserva sempre o seu livre-arbítrio."

Em "O Livro dos Médiuns", Capítulo XVI, nº 190, diz o Codificador que médiuns inspirados são

"aqueles a quem, quase sempre mau grado seu, os Espíritos sugerem idéias, quer relativas aos atos ordinários da vida, quer com relação aos grandes trabalhos da inteligência".

Descrevendo, no livro "Nosso Lar", uma excursão que fez a um deslumbrante lugar da Colônia espiritual onde se hospedava, conta o Espírito André Luiz:

"Grandemente maravilhado com a música sublime, ouvi Lísias dizer:
— Nossos orientadores, em harmonia, absorvem raios de inspiração nos planos mais altos, e os grandes compositores terrestres são, por vezes, trazidos às esferas como a nossa, onde recebem algumas expressões melódicas, transmitindo-as, por sua vez, aos ouvidos humanos, adornando os temas recebidos com o gênio que possuem. O Universo, André, está cheio de beleza e sublimidade. O facho resplendente e eterno da vida procede originariamente de Deus."

No livro "Os Mensageiros", o mesmo Espírito citado, visitando em pleno e escuro umbral, nas vizinhanças da crosta terráquea, um dos postos de socorro de Campo da Paz, deslumbrou-se com a visão maravilhosa de uma enorme pintura que representava o martírio de São Diniz, o Apóstolo das Gálias. "Intrigado — conta ele —, recordei que vira, na Terra, um quadro absolutamente igual àquele. Não se tratava de um famoso trabalho de Bonnat, célebre pintor francês dos últimos tempos? A cópia do Posto de

Socorro, todavia, era muito mais bela. (...) Havia, porém, naquela cópia profunda luminosidade, como se cada pincelada contivesse movimento e vida." E conclui que o original, segundo estava informado, podia ser visto no Panteão de Paris. — "Engana-se — elucidou meu gentil interlocutor —, nem todos os quadros, como nem todas as grandes composições artísticas, são originalmente da Terra. E certo que devemos muitas criações sublimes à cerebração humana; mas, neste caso, o assunto é mais transcendente. Temos aqui a história real dessa tela magnífica. Foi idealizada e executada por nobre artista cristão, numa cidade espiritual muito ligada à França. Em fins do século passado, embora estivesse retido no círculo carnal, o grande pintor de Bayonne visitou essa colônia em noite de excelsa inspiração, que ele, humanamente, poderia classificar de maravilhoso sonho. Desde o minuto em que viu a tela, Florentino Bonnat não descansou enquanto não a reproduziu, palidamente, em desenho que ficou célebre no mundo inteiro. As cópias terrestres, todavia, não têm essa pureza de linhas e luzes, e nem mesmo a reprodução, sob nossos olhos, tem a beleza imponente do original. (...) Agora reconhecia — rematou André — que toda arte elevada é sublime na Terra, porque traduz visões gloriosas do homem na luz dos planos superiores."

No livro "Missionários da Luz", conta também o mesmo André Luiz:

"Nunca tivera oportunidade de acompanhar, de perto, um processo de reencarnação, estudando os ascendentes espirituais nas questões da embriologia. Não seria interessante, para mim, utilizar a experiência? (...) — "Não tenho objeções" — respondeu o Instrutor, que, depois de preciosos ensinamentos e ilustrações acrescentou: "Se já falimos muitas vezes em experiências da autoridade, da riqueza, da beleza física, da inteligência, não seria lógico receber idêntica oportunidade nos trabalhos retificadores. (...) É para a regulamentação de semelhantes serviços que funciona em nossa colônia espiritual, por exemplo, o Planejamento de Reencarnações. (...) — "E a lei da hereditariedade fisiológica?" — indagou André. — "Funciona com inalienável domínio sobre todos os seres em evolução — explicou o Instrutor —, mas sofre, naturalmente, a influência de todos aqueles que alcançam qualidades superiores ao ambiente geral. (...) As forças mais elevadas podem imprimir certas modificações à matéria, desde as atividades embriológicas, determinando alterações favoráveis ao trabalho de redenção."

A narrativa segue, fascinante, a respeito dos magníficos modelos de anatomia, cuja perfeição e beleza deslumbraram o narrador, mas nós nos deteremos, nesta semitranscrição, apenas nos aspectos que interessam objetivamente a este nosso trabalho. Anotemos, pois, algumas observações relevantes, como estas:

"(...) no serviço de recapitulação ou de tarefas especializadas na superfície do Globo, a reencarnação nunca pode ser vulgar. Para isso, trabalham aqui centenas de técnicos em questões de Embriologia e Biologia em geral, no sentido de orientar as experiências individuais do futuro de quantos irmãos se ligam a nós no esforço coletivo."

Mais adiante, cita André o caso do Espírito Anacleta, que, segundo a programação estabelecida, iria experimentar viuvez precoce e receber como filhos um débil mental e outro paralítico, em provações libertadoras para os seus Espíritos endividados. E conclui que a medicina humana será muito diferente no futuro, quando a Ciência puder compreender a extensão e complexidade dos fatores mentais no campo das moléstias do corpo físico. Tal é, comentamos nós agora, a interdependência física e espiritual da vida entre os dois planos que costumamos denominar de espiritual e material.

No livro "Evolução em dois Mundos", André Luiz assim se expressa:

"(...) a mente humana controla (...), quase que plenamente, o corpo em que se exprime, formado sob a tutela e o auxílio incessante dos Construtores Espirituais, passando a administrar as ocorrências do metabolismo, em sua organização e adaptação, através da coordenação de seus próprios impulsos sobre os elementos albuminóides do citoplasma, em que as forças físicas e espirituais se jungem no campo da experiência terrestre.

Os sistemas enzimáticos revelam-se definidos e as glândulas de secreções internas fabricam variados produtos, refletindo o trabalho dos centros vitais da alma.

Hormônios e para-hormônios, fermentos e co-fermentos, vitaminas e outros controladores químicos, tanto quanto preciosas reservas nutritivas, equacionam os problemas orgânicos, harmonizando-se em produção a níveis precisos, na quota de determinados percentuais, conforme as ordens instintivas da mente.

....

Experiências valiosas, efetuadas com pleno êxito, comprovaram que a própria miosina ou sistema albuminóide da contração muscular detém consigo as qualidades de um fermento, a adenosinatrifosfatase, responsável pela catálise da reação química fundamental que exonera a energia indispensável ao refazimento das partículas miosínicas dos tecidos musculares.

....

Nessa base, dispomos largamente dos anticorpos e dos múltiplos agentes imunológicos cunhados pela governança do Espírito, em favor da preservação do corpo (...)"

A esta altura, precisamos deixar claro que a ação dos Espíritos desencarnados tem as qualidades da elevação e da dignidade deles. Desse modo, não são apenas bênçãos e sublimidades que o mundo invisível carreia para a mente e a ação dos homens encarnados. No livro "A caminho da Luz", Emmanuel diz textualmente:

"(...) Espíritos tenebrosos e pervertidos, que mostraram ao europeu outras aplicações da pólvora, além daquelas que os chineses haviam enxergado na beleza dos fogos de artifício, inspiraram ao cérebro obcecado e doentio de Inácio de Loiola a fundação do jesuitismo, em 1534, colimando reprimir a liberdade das consciências."

Ao longo de toda a História Humana, até os dias que correm, é terrivelmente evidente a imensa sucessão de crimes hediondos inspirados pelos gênios das sombras a mentes pervertidas. Ainda agora as inteligências malignas, da Terra e do Espaço, se esmeram claramente na sofisticação dos engenhos mais demolidores, numa indisfarçável preparação de catástrofes monstruosas, em desfavor de toda a Humanidade. Convém, no entanto, que atentemos para as palavras que Áureo escreveu no seu livro "Universo e Vida". Diz ele, a respeito do poder das Trevas:

"Espantam-se alguns companheiros de aprendizado com as demonstrações de força do chamado Poder das Trevas, capaz de organizar verdadeiros impérios, em zonas umbralinas e nas regiões subcrostais, de onde consegue atuar organizada e maleficamente sobre pessoas e instituições na Crosta da Terra.

O espanto, porém, é descabido, não só por motivos de boa lógica, mas, igualmente, por motivos de ordem técnica.

Por mais intelectualizados que possam ser os gênios do mal, e por mais sofisticados que sejam os seus recursos tecnológicos, não podem eles, nunca puderam e jamais poderão afrontar a sabedoria e o Poder do Cristo e de seus grandes mensageiros, que controlam, com absoluta segurança, todos os fenômenos ocorrentes no Planeta e no sistema de que este é parte.

Tudo o que as Inteligências rebeladas podem fazer é rigorosamente condicionado aos limites de justiça e tolerância que o Governo da Vida estabelece, no interesse do sumo bem.

É fora de dúvida que os "Dragões" e seus agentes possuem ciência e tecnologia muito superiores às dos homens encarnados, e, sempre que podem, as utilizam. Entretanto, os Poderes Celestes sabem mais e podem mais do que eles.

A treva pode organizar, e organiza, infernos de vasta e aterrorizadora expressão; contudo, sempre que semelhantes quistos ameaçam a estabilidade planetária, a intervenção superior lhes promove a desintegração.

Os "demônios", que se arrogam os títulos de "juízes", e que há muitíssimo tempo utilizam, em larga escala, processos e instrumentais de desintegração que nem a mais moderna ficção científica dos encarnados ainda sequer imagina, realmente conhecem muito mais do que os homens sobre a estrutura e a dinâmica dos átomos e das partículas elementares. Eles sabem consideravelmente mais do que os cientistas e pesquisadores terrenos, acerca de muito mais coisas do que massa, carga, spin, número bariônico, estranheza e vida média de lambdas, sigmas, csis, ômegas etc., e conseguem verdadeiros "milagres" tecnológicos, a partir de seus conhecimentos práticos avançados sobre ressonâncias e recorrências, usando com mestria léptons, mésons e bárions, além de outras partículas, como o gráviton, que o engenho humano experimentalmente desconhece.

Apesar disso, os operadores celestes não somente varrem, com freqüência, o lixo de saturação que infecta demasiado perigosamente certas regiões do Espaço, aniquilando-o através de interações de partículas com antipartículas atômicas, como se valem de outros recursos mais poderosos, rápidos e decisivos, para além de todas as forças eletromagnéticas e físico-químicas ao alcance das trevas.

Também a capacidade de destruição do homem encarnado permanece sob o rigoroso controle do Poder Celeste. A energia produzida pelas reações nucleares, que os belicistas da Crosta já conseguem utilizar, não vai além de um centésimo da massa total dos reagentes. Eles sabem que o encontro de um pósitron com um elétron de carga negativa resulta na total destruição de ambos, pela transformação de suas massas em dois fótons de altíssima energia. Entretanto, não conseguem pósitrons naturais para essas reações e não são capazes ainda de produzi-los senão à custa de um dispêndio energético praticamente insuportável.

Assim, as Trevas podem realmente assustar-nos e ferir-nos, sempre que nossos erros voluntários nos colocam ao alcance de sua maldade. Basta, porém, que nossa opacidade reflita um único raio do Amor Divino, para que nenhuma força maligna possa exercer sobre nós qualquer poder."

TORRE DE BABEL

Dedico este artigo aos inúmeros irmãos de ideal que ainda não se aperceberam ou não se convenceram da magna importância do ESPERANTO no planejamento das Esferas Superiores para o futuro da Humanidade. Assim procedo porque sei que muita gente esclarecida, embora louve e admire a obra apostolar de Zamenhof e o esforço até heróico dos grandes divulgadores do idioma Neutro Internacional, não acredita que possa ele impor-se, pelo menos tão cedo, ao interesse da maioria dos terrícolas. Assim pensando, imaginam muitos que o Movimento Esperantista carece de praticidade imediata e quiçá também a médio prazo. Mesmo aqueles que compreendem a imperiosa necessidade de uma língua universal, que facilite a comunicação entre os povos de nossa "aldeia global", nem sempre apostam na possibilidade de que o instrumento adequado para esse universal entendimento seja uma língua artificial. É corrente o argumento de que os fatos históricos atestam que os povos mais poderosos sempre impuseram a prevalência de seu idioma aos povos deles dependentes. Ainda agora, afirmam, a língua praticamente universal é a inglesa, pois no grande comércio internacional, na grande indústria, no trato de todas as questões econômicas ou políticas de ressonância mundial é em inglês que se fala e se escreve. Tudo porque a mais poderosa e influente nação do mundo atual só fala inglês, tal como no tempo da Roma Imperial a grande língua universal era o Latim.

À primeira vista, o argumento talvez impressione, mas é falho e não convence. Primeiro, porque somente uma pequena minoria das populações dos países subjugados adotou ou adota o idioma dos povos dominadores. A maioria das pessoas jamais se expressou ou se expressa noutro idioma senão no que foi aprendido desde a infância. Segundo, porque os impérios passam e as lideranças se esboroam. Nenhum povo do mundo de hoje fala o Latim. Terceiro, porque a verdadeira comunicação, a efetiva e real, capaz de gerar o entendimento e a confraternização entre os povos, só poderá superar as barreiras regionalistas, nacionalistas, raciais, tribais, e tantas outras, se for neutra, isto é, se estiver acima e ao largo de quaisquer interesses minoritários ou grupais de supremacia ou de ambição.

Mas não estou escrevendo este artigo para discutir ou alinhar argumentos, e sim para apresentar, pura e simplesmente, fatos atuais, de hoje e de agora, que estão acontecendo em nosso mundo, e, veja-se bem, no culto e Velho Mundo. Vamos então aos fatos.

O "Jornal do Brasil" de 16 de outubro de 1987 publicou com destaque, no Primeiro Caderno, página 8, o seguinte e impressionante noticiário:

"GUERRA DE IDIOMAS" DERRUBA GOVERNO BELGA.

Bruxelas — O Primeiro-Ministro democrata-cristão belga, Wilfried Martens, apresentou sua renúncia ao Rei Balduíno por não ter conseguido resolver mais uma disputa política entre flamengos (55% da população, que falam holandês) e valões (44%, que falam francês).

O Rei ainda não disse se aceita, mas no ano passado, num episódio quase idêntico, Martens também renunciou e foi mantido por Balduíno. Martens, um flamengo de 51 anos, eleito em 1981 e reeleito em outubro de 1985, chefia pela sexta vez o governo belga, sempre em coalizões. Seu maior problema tem sido justamente a rivalidade entre as duas comunidades. Mas o principal foco das dificuldades é o Prefeito José Happart, um francófono eleito para governar Fouron — ou Voeren, como preferem os flamengos —, considerado um enclave flamengo em uma região de língua francesa (Liège). AFASTAMENTO — Happart chegou ao cargo em 1982, com uma plataforma em que defendia o retorno oficial de Fouron à Província de Liège. Após quase quatro anos de mandato, o Conselho de Estado (a suprema instância administrativa do País) decidiu que ele não poderia continuar no cargo porque se recusava a falar holandês, numa cidade que, de acordo com a divisão feita em 1962, pertence à comunidade flamenga. O governo Martens, formado por valões e flamengos, não chegou a um acordo sobre a questão e renunciou. A decisão do Conselho de Estado significou o afastamento de Happart da Prefeitura. Naquela ocasião, o Rei Balduíno não aceitou a renúncia do governo, mas Happart deixou o cargo. O Conselho Municipal, entretanto, que apóia Happart, escolheu-o para Presidente da Câmara de Vereadores. Na prática, isso significa que Happart continua mandando na cidade, já que não foi escolhido um outro Prefeito. O Conselho de Estado reagiu novamente, dizendo que ele não podia ser Prefeito de direito e nem de fato. E fez brotar uma nova crise no governo belga. BLOQUEIO — O Parlamento está para votar uma lei que determinará como fica a situação das autoridades em cidades bilíngües. Enquanto isso não acontece, tudo indica que caberá ao próprio Martens contornar a crise, mais uma vez. Ele nada falou, depois de apresentar sua renúncia, mas o Ministro das Finanças, Philippe Maystadt, informou que o Rei teria dito ao Chefe do Governo que não vê alternativa."

O noticiário sobre o palpitante assunto não terminou aí, mas acho que basta o que foi transcrito, para que se entenda a gravidade do problema das diferenças lingüísticas no mundo atual e sua provável intensificação para o futuro. E que não se pense seja as dificuldades noticiadas as únicas que perturbam atualmente a vida das nações. Muito pelo contrário. São imensos os riscos, os desacertos e os conflitos que nascem dessa multiplicidade idiomática, em todos os setores das atividades humanas, na literatura, na divulgação científica, nas telecomunicações, nas trocas farmacológicas, nos entendimentos políticos e comerciais, enfim, nas relações dos homens, em geral.

A solução para o problema? ESPERANTO! ESPERANTO! Eis por que, além de outras razões ainda mais elevadas e ainda mais santas, a Federação Espírita Brasileira trabalha tanto, e com tanto empenho, desde 1909, pelo ensino e divulgação da Língua Neutra Internacional criada pelo gênio de Zamenhof. O primeiro curso elementar desse idioma, patrocinado pela FEB, data de 1912, e o Departamento de Esperanto da Casa de Ismael existe e funciona desde 1937. "Reformador" de julho de 1987 comemorou o Centenário do Esperanto numa edição especial, digna de ser lida e relida, tal o volume de informações importantes que divulgou, inclusive sobre o carinho e a afetividade do esforço febiano em prol do Esperanto, magnificamente utilizado também, e principalmente, como instrumento valioso para a difusão mundial da Doutrina dos Espíritos.

Diante da Babel lingüística que agrava ainda mais os angustiantes desafios deste fim de século, tenho fundadas razões para acreditar que o Esperanto será realmente o novo e definitivo idioma universal de nosso Planeta no próximo milênio.

TOQUES, INDUÇÕES E INTERFERÊNCIAS

1. Depoimento

"O toque materno, o contato epidérmico entre uma rata e seu filho ou entre uma mãe e seu bebê humano, tem efeitos biológicos, agindo nos mecanismos do cérebro que promovem o crescimento e o desenvolvimento físico e psíquico, segundo uma pesquisa do biólogo Saul Schanberg, da Universidade Duke, Carolina do Norte, publicada na revista "Science" — diz uma notícia do "Jornal do Brasil" de 16/1/1988, 1º caderno, página 10, que assim continua:

"Privar o filhote da rata e o bebê humano do contacto materno produz o efeito oposto: eles não ganharão peso, nem se desenvolverão segundo padrões normais, disse Schanberg. O biólogo descreveu ainda os efeitos da privação do carinho materno, rastreando-os até os níveis de endorfina beta, uma espécie de tranqüilizante produzido pelo cérebro. Sem o contacto materno, ou um substituto artificial (a massagem com uma escova úmida, por exemplo), o filhote de rato não faz a síntese da proteína do crescimento, embora sintetize outras proteínas, disse o biólogo. Isto não quer dizer que ele esteja sofrendo de falta de nutrição. Schanberg injetou endorfina beta diretamente no cérebro de um filhote de rato com pouco mais de três semanas de idade, antes que fosse naturalmente desmamado e reproduziu gradativamente a parada de crescimento provocada pela falta de carinho materno. 'Isto é controle do cérebro, muito além do que já imaginei que pudesse existir', disse Schanberg. 'Pense nisso: uma substância secretada pelo cérebro afeta a maneira com que todo o corpo reage a dois reguladores primários do desenvolvimento, a insulina e o hormônio do crescimento'. O biólogo disse que a experiência tem efeitos clínicos, pois ele e sua colega Tiffany Field, da Universidade de Miami, estudaram os efeitos do toque em bebês prematuros e comprovaram que eles se desenvolviam melhor com um extensivo contacto epidérmico. 'Usamos uma combinação de gestos, como massagem nas costas, no pescoço, movimentos de braços e pernas, e descobrimos que os bebês que foram tocados tiveram um aumento de 50% no peso do corpo e um bom desenvolvimento neurológico, cujo efeito pôde ser medido 12 dias depois', disse Schanberg. Oito meses depois, quando os bebês foram para casa, aqueles que foram tocados ainda tinham um desempenho melhor."

Aí está, prezado leitor, mais um valioso depoimento, simples, isento, claro e rigorosamente científico, sobre o poder do amor, que o Espiritismo Evangélico tão insistentemente proclama como sendo a fonte por excelência de todos os bens, de todas as soluções, de todas as bênçãos da vida. Um poder que a ciência humana todos os dias comprova, em seus efeitos físicos mais evidentes, mas que, apesar disso, muita gente desprevenida insiste em ignorar. O ódio envenena a alma e o corpo; a cólera ataca os nervos, perturba a circulação sangüínea, interfere nos processos digestivos; o remorso corrói o fígado, embota o raciocínio e estraga o humor; a vingança degrada o espírito e enegrece o ânimo. Só o amor redime e felicita, mesmo quando sangra de dor e se banha de lágrimas.

2. Induções Magnéticas

Telegrama de Washington, publicado no "Jornal do Brasil" de 30/10/1987, 1º caderno, página 6, informa:

"Radiologistas do Instituto Nacional de Saúde concluíram que uma técnica chamada imagem de ressonância magnética, que utiliza os campos magnéticos para a construção de imagens tridimensionais de órgãos como o cérebro, o coração e a medula espinhal, entre outros, é segura e algumas vezes superior a outras técnicas semelhantes, como a tomografia computadorizada. Ela não usa raios X, nem componentes radioativos, disseram. (...) Herbert Abrams, professor da Universidade de Stanford, disse que, com a nova técnica, o paciente deitado durante 45 minutos ou até duas horas dentro de um gigantesco ímã, que induz alguns átomos no corpo a se alinharem com o campo magnético. Impulsos de energia gerados num campo perpendicular excitam vários átomos de diferentes maneiras e, quando eles se alinham, produzem um sinal característico, que a máquina converte numa imagem, explicou. (...) Cerca de dois milhões de imagens de ressonância magnética serão feitas este ano nos Estados Unidos, acrescentou."

•

Pois é, caro leitor depois disso, que diremos da prática espírita dos passes magnéticos, que os nossos médiuns aplicam dedicadamente em favor dos enfermos do corpo e da alma? Em nossos Centros não usamos aparelhagens sofisticadas para excitar átomos e fazê-los se alinharem em campos magnéticos. Nas nossas casas de oração e serviço a ação magnética é gerada pelo amoroso desejo de ajudar fraternalmente, e os instrumentos utilizados são apenas o pensamento em prece e as mãos que abençoam. Mas os resultados são calmantes, curativos e felizes. Sem pagamento amedado e sem contra-indicações. Admiramos as técnicas que o progresso científico incessantemente aprimora, mas reivindicamos o respeito geral devido aos serviços de amor que os nossos benfeitores espirituais executam em favor dos necessitados, através dos medianeiros de boa vontade e de bom coração.

3. Interferência Eletromagnética

Diz o "Jornal do Brasil" de 8/1/1988, em seu 1º caderno, página 5:

"A Telebrás criou uma comissão interdepartamental e um grupo de trabalho no Departamento de Suporte Tecnológico do CPqD (Centro de Pesquisas e Desenvolvimento) que mantém em Campinas, São Paulo, para estudar o fenômeno da interferência eletromagnética. Ela é a responsável pelo congestionamento do espectro de freqüência e está presente cada vez mais no cenário das grandes cidades, provocando efeitos indesejáveis nas telecomunicações, como no bem-estar e saúde das pessoas. A instalação da antena da Rádio Universidade de São Paulo, colocada inadvertidamente perto do Hospital das Clínicas, fez com que os equipamentos eletrônicos daquele centro médico começassem a apresentar estranho desempenho: o endoscópio, como se tivesse enlouquecido, passou a tocar música. O canteiro de obras de um conjunto residencial paulista também viveu alguns desses momentos, quando o guindaste da construção passou a agir como uma gigantesca antena receptora de sinais de rádio, captando noticiário e música da Rádio Bandeirantes, localizada ali perto. O aeroporto internacional de Cumbica, também em São Paulo, teve o seu sistema de navegação aérea afetado pela interferência de equipamentos elétricos industriais. Em plena era da informática, cresce a ameaça de que os computadores sejam afetados pelo fenômeno. No Japão, por exemplo, houve casos de pacíficos robôs de indústrias japonesas que ficaram descontrolados e provocaram acidentes graves."

•

Como se observa, caríssimo leitor, os técnicos terrestres começam a preocupar-se seriamente com os efeitos físicos visíveis e audíveis dos fenômenos da interferência eletromagnética. Nós, porém, estudantes atentos da Doutrina Espírita, estamos muito mais preocupados com os fenômenos da interferência eletromagnética de natureza mental, responsáveis por essa terrível epidemia de obsessões que assola multidões de pessoas em todos os quadrantes do mundo. O pensamento é, na verdade, a mais poderosa das usinas geradoras de força eletromagnética, naturalmente captável pelas outras mentes, em especial por aquelas às quais se dirige, podendo causar perturbações psíquicas sutis, porém devastadoras.

É claro que também existem as interferências benfazejas, que provêm de fontes emissoras sublimadas da Espiritualidade Superior, e até mesmo das vibrações mentais de amor que alguém emite. Mas as interferências que perturbam e prejudicam são as dos pensamentos desordenados ou infelizes, sempre que sua carga destruidora não seja detida ou transformada pelos antídotos eficazes da vigilância e da oração.

PREVISÕES E REALIDADES

1. Demografia

"As estimativas de organismos das Nações Unidas indicam, de modo geral, que a população do mundo vai-se estabilizar entre 10 bilhões e 12 bilhões de pessoas no século 21" — informa Fritz Utzeri, em ampla reportagem publicada no "Jornal do Brasil" de 20 de maio de 1988, 1º caderno, página 5. "Nos primeiros mil anos de nossa era, o ritmo continuou se acelerando e mais 9 bilhões de seres humanos existiram e morreram. Entre 1000 e 1700, nasceram outros 12 bilhões. Ao longo do século 18 mais 3,3 bilhões de homens e mulheres passaram por nosso planeta; 4,6 bilhões no século passado e, desde 1900, já nasceram 7,9 bilhões. Segundo todas as estimativas, a população mundial vai-se estabilizar entre 10 e 12 bilhões de pessoas no século 21."

Enquanto isso, a poderosa Primeira-Ministra da Grã--Bretanha, Sra. Margareth Thatcher, defendeu pública e oficialmente a manutenção da lei que permite o aborto até o sétimo mês de gravidez ("JB" de 22/1/88, 1º cad., p. 9). Por sinal, o tratamento que está sendo dado às crianças em nosso mundo chega a ser desolador. Telegrama de Londres, publicado no jornal "O Globo" de 6/1/1988, página 14, diz textualmente o seguinte:

"A organização humanitária Anistia Internacional, com sede em Londres, lançou ontem um apelo em favor de milhares de crianças cujos direitos humanos básicos são violados em todo o mundo. Grande número de crianças são encarceradas, forçadas a assistir à tortura dos pais ou torturadas para delatá-los ou fazê-los falar, e assassinadas nas prisões; outras nascem em campos de prisioneiros e são separadas das mães, disse a organização em relatório publicado em seu boletim de janeiro. A Anistia afirmou ter provas dessas violações em 18 países, mas um porta-voz acrescentou que em praticamente todo o mundo ocorrem tais crimes contra os menores. Na África do Sul, segundo o documento, dois mil jovens de menos de 18 anos, inclusive crianças de 7 anos, foram detidos entre julho de 1985 e janeiro de 1986, mas fontes britânicas citadas pela Anistia disseram que até 11 mil crianças foram presas de 1984 a 1985 pelas autoridades sul-africanas, cuja polícia feriu mil e matou 300 desses pequenos prisioneiros. Alguns foram açoitados, chutados ou espancados por horas, e muitos saíram da prisão aleijados ou gravemente feridos, física e psicologicamente. Na América Latina, segundo o relatório, mais de cem crianças estão desaparecidas desde a repressão na segunda metade da década de 1970, na Argentina; algumas foram seqüestradas junto com os pais, outras foram tomadas de suas mães logo após o parto, na prisão. O documento cita violações dos direitos das crianças também no Chile, Colômbia, Equador e Peru. Na Turquia, as forças de segurança torturaram quatro menores com choques elétricos na boca, porque viviam numa aldeia usada como base por guerrilheiros separatistas curdos. Em finais de 1985, houve 29 execuções secretas de menores no Iraque, após 300 crianças e adolescentes da localidade de Suleimayeh serem detidos em represália pela atividade política de seus pais e parentes. Os menores foram torturados e muitos tiveram os olhos arrancados. Em Trípoli, Líbano, mais de 200 pessoas, inclusive muitas mulheres e crianças, foram mortas por forças sírias em dezembro de 1986, e em Gaza e na Cisjordânia os ocupantes israelenses prenderam e espancaram estudantes de 12 anos. A Anistia citou também torturas aplicadas a crianças no Afeganistão, Birmânia, Irã, Etiópia, Uganda, Filipinas, Bangladesh e Ilhas Barbuda, além de execução de menores nos Estados Unidos."

O jornal "O Globo" de 3 de julho de 1988, página 31, divulgou uma grande reportagem do seu correspondente José Meirelles Passos, que noticia, com muitos dados e detalhes, o fato aterrador de uma em cada doze pessoas estarem atualmente passando fome nos Estados Unidos da América. Diz o texto que

> "Há 20 milhões de americanos na miséria. Desse total, oito milhões não têm sequer onde morar; uma boa parte vive em abrigos do Exército da Salvação, ou do Governo, e o restante ocupa edifícios abandonados nas grandes cidades ou dorme mesmo nas ruas."

Muito pior do que isso é o que relata um telegrama de Quito, publicado pelo "Jornal do Brasil" de 9/1/1988, página 7, nos seguintes termos:

> "O Ministério da Educação equatoriano ordenou a apreeensão dos chicletes americanos *Garbage Pail Kids* (meninos da lata de lixo), que vinham embrulhados em decalques macabros mostrando crianças comendo ratos, fazendo hambúrgueres com a massa encefálica de amiguinhos ou queimando suas próprias mãos. Os chicletes, vendidos em escolas e parques, viraram uma mania entre as crianças do Equador, que vinham colecionando os decalques. Nos decalques, a ênfase é a automutilação infantil: a cabeça de uma criança serve como alvo de tiro, outra escuta música a tal volume que sua cabeça explode, espalhando olhos, dentes e cérebro."

O "Jornal do Brasil" de 5/7/1988, 1º caderno, página 6, divulga informação de Linnel Smith, do *Baltimore Evening Sun*, sobre recentes estudos que mostram que "uma criança em cada ônibus escolar americano apresenta sintomas de depressão". O jornal "O Globo", de 26/4/1988, informa, na Coluna de Ibrahim Sued, que, segundo dados das Nações Unidas, 50 mil pessoas morrem de fome diariamente no mundo, e que também diariamente 600 milhões de pessoas sofrem problemas de desnutrição.

2. Previsões e Realidades

Os estudos demográficos referidos neste artigo não

deixam dúvidas sobre a realidade do crescente aumento do número de Espíritos que reencarnaram na crosta da Terra nos últimos dois séculos. O jornal "O Globo" de 28/4/1988, 1º caderno, página 16, publicou pesquisa que destaca o fato de maneira sintética e direta, nestas palavras:

"Foi necessária toda a História da Humanidade para chegar a 1 bilhão de habitantes na Terra, o que ocorreu no começo do século XIX; mais de um século para chegar a dois bilhões, o que sucedeu ao redor de 1930; e se chegou a 3 bilhões em 1964, e 5 bilhões em 1987."

É que chegou o tempo da ceifa, anunciado por Jesus, no qual se fará consumada a profecia do Apocalipse (14:15):

"Toma a tua foice e ceifa, visto que a seara da terra já secou."

É o tempo da separação do joio e do trigo, tempo de juízo final, do qual disse o Senhor, no Apocalipse (22:11):

"Continue o injusto cometendo injustiça; continue o imundo na sua imundície; e siga o santo em sua santificação."

A expressão do evangelista Mateus não deixa dúvidas (13:39):

"A ceifa é a consumação do século."

As previsões humanas baseiam-se em projeções estatísticas desinformadas das realidades espirituais e não levam em conta os milhões de Espíritos que, por sua própria opção, deixarão este nosso Planeta livre de sua presença, por tempo indeterminado, para aprenderem, no ventre de outros mundos, tão ásperos como eles, as primeiras letras do abecedário do amor. Como observa André Luiz, em "No Mundo Maior", "a dor desenha a tela da lógica no fundo da consciência" para os que se recusam a aprendê-la com as lições amenas da bondade.

Aqui, neste nosso Brasil da esperança, a Campanha Permanente de Evangelização Espírita Infanto-Juvenil cresce e frutifica, ao lado de outras muitas e abençoadas realizações voltadas para o amparo e a educação das novas gerações de Espíritos reencarnantes. Aqui, procuramos ouvir, entender e seguir as palavras inesquecíveis do Instrutor Eusébio, relatadas por André Luiz no livro já citado:

> "Para a nossa vanguarda de obreiros decididos e valorosos passou a fase de experimentação fútil, de investigações desordenadas, de raciocínios periféricos. Vivemos a estruturação de sentimentos novos, argamassando as colunas do mundo vindouro, com a luz acesa em nosso campo íntimo.
>
> ....
>
> Faz-se, pois, mister acendamos o coração em amor fraternal, à frente do serviço. Não bastará, em nossas realizações, a crença que espera; indispensável é o amor que confia e atende, transforma e eleva, como vaso legítimo da Sabedoria Divina.
>
> Sejamos instrumentos do bem, acima de expectantes da graça.
>
> ....
>
> Participemos do glorioso Espírito do Cristo.
> Convertamo-nos em claridade redentora."

EXORCISMO, ÁBACO E MEDITAÇÃO

1. Exorcismo Inútil

A notícia é do "Jornal do Brasil" de 24/5/1988, 1º caderno, página 10. Diz ela:

"Nem mesmo depois de um exorcismo e de mandar demolir a velha casa de madeira, no número 33 da Rua P, em Vila Santa Rosa, Zona Norte de Porto Alegre, a operária aposentada Bronilda Andrade Cardoso, 53 anos, e seus 10 parentes tiveram paz, pois os fenômenos sobrenaturais — objetos que flutuam e caem no chão sozinhos — continuam acontecendo. Segundo ela, os fatos se repetem, no barraco improvisado nos fundos do terreno, da mesma forma que antes. Desolada, Dona Bronilda já não sabe o que fazer. Após a sessão de exorcismo promovida dia 9 pelo pastor Násser Bandeira, da Igreja Evangélica Quadrangular, ela afirma que as coisas pioraram mais ainda. 'Depois que esse homem veio aqui falar em demônio, forças do mal, e posar para fotografias de jornal, eu já perdi as contas de quantas vezes minha televisão caiu no chão', protesta a inconformada senhora com um pedaço do aparelho espatifado nas mãos. No dia 16 ela mandou demolir a casa."

O caso é que, segundo a notícia, Dona Bronilda garante que não acredita na hipótese de Espíritos ou fantasmas. Pior para ela.

2. Ábaco derrota tecnologia

O telegrama é de Pequim, publicado pelo jornal "O Globo" de 12/5/1988, página 15. Ei-lo:

"As crianças do Município de Yungcheng, na província setentrional de Shanxi, estão provocando admiração por sua surpreendente habilidade para fazer cálculos aritméticos mentais com a ajuda de um ábaco. Vinte e cinco por cento são tão rápidas quanto uma calculadora eletrônica, e cinco por cento são ainda mais rápidas. As crianças usam um método elaborado por Chen Zijing, um contador da Secretaria de Educação do Distrito de Pinglu. Há três anos, quando dois dos primeiros alunos de Chen — Jia Yingfang e Zhang Shupin — tinham 15 anos, foram declarados 'prodígios do cálculo' ao atuar em público em Hong-Kong. Já podiam resolver problemas de adição, subtração, multiplicação e divisão de número de muitos dígitos com maior velocidade que as calculadoras eletrônicas. Atualmente, há mais de 500 estudantes no Município que podem igualar a habilidade desses dois primeiros meninos. Cinco alunos de 11 anos de idade da escola primária Chengguan, no Distrito de Pinglu, podem manejar com facilidade problemas como multiplicar 2.154 por 3.163. Na escola primária Duzhuang, no vizinho Distrito de Ruicheng, quatro pequenos estudantes derrotaram dois contadores em uma competição para resolver 300 problemas de soma e subtração de números de quatro dígitos. As crianças terminaram sua tarefa em cinco minutos e 37 segundos, enquanto os contadores necessitaram de oito minutos e 30 segundos para resolver unicamente a metade dos problemas. Chen, que foi eleito deputado à Assembléia Popular Nacional, começou a ensinar seu método na escola primária de Chengguam onde estudavam Jia e Zhang. Seu êxito chamou a atenção da Associação Provincial do Ábaco e das autoridades educacionais. O método se disseminou nos 13 Distritos de Yungchen em 1985. — Meu método implica adestrar os olhos, ouvidos, mente, boca e mãos e permite a coordenação dos sentidos do tato, vista e audição, estimulando a inteligência dos estudantes — disse Chen."

É a nova geração dos homens e mulheres do século 21 que já se estão corporificando na Terra.

3. Máquina de meditar

Diz telegrama de Miami, publicado pelo jornal "O Globo" de 1º/6/1988, página 14:

"Não é mais preciso anos de iniciação ou o autodomínio da mente para se livrar da ansiedade. Com sessões de 30 minutos em uma máquina que usa músicas suaves e óculos iluminados para induzir ondas cerebrais lentas e profundas, qualquer iniciante pode transitar entre os vários estados mentais. A máquina, chamada sincro-energizador de ondas cerebrais, foi inventada em 1982 pelo psiquiatra Denis Orges, de Cleveland. As ondas cerebrais são descargas elétricas rítmicas produzidas pelo córtex cerebral. Sua freqüência e amplitude alteram-se com as mudanças de atividade e existem quatro tipos: as ondas beta com freqüência de 13 a 26 ciclos (rápidas e curtas, produzidas durante a atividade física ou pensamento ativo); alfa (altas e curvas, produzidas quando se está acordado, mas relaxado, por exemplo: durante a meditação ou em trabalhos criativos); beta de quatro a oito ciclos (lentas e pulsantes, que ocorrem durante o sono leve e experiências criativas máximas) e as ondas delta, extremamente lentas, produzidas durante o sono profundo. Um centro de estresse em Miami, o "Mindworld", já está oferecendo 'vôos mentais' com a nova máquina, que envia estímulos auditivos e visuais para o cérebro por meio de um fenômeno denominado 'recrutamento', pelo qual o cérebro responde produzindo ondas da mesma freqüência. — A máquina apresenta um estímulo ao cérebro e convida-o, sem obrigá-lo, a seguir um padrão que ele já conhece. Passar algum tempo nos estados alfa e beta produz o mesmo efeito calmante que a meditação — explica Juan Abascal, um dos fundadores do 'Mindworld'. O som que embala os 'viajantes da mente' são suaves, mas sem melodia, e ocultam estímulos como gorjeios e batimentos cardíacos. Já com os óculos, o paciente de olhos fechados percebe luzes brancas piscantes de amplo espectro, como padrões multicoloridos em movimento. — A nova técnica combina os ensinamentos do Oriente com a tecnologia do Ocidente. Normalmente, o cérebro leva horas para atingir o ritmo delta, mas a máquina pode obter isso em poucos minutos — dizem os especialistas."

Tudo isso parece, à primeira vista, uma beleza, mas é, na verdade, uma beleza muito perigosa. O método, que tem muito de hipnótico, nada mais produz senão estados sonambúlicos, suscetíveis de apassivar a mente espiritual, abrindo-a a toda espécie de sugestões de longo curso. Fazer isso, sem rumar previamente o pensamento para temas e objetivos dignos, é expor-se alguém a passeios sem destino, por regiões ignoradas, prenhes de surpresas de toda ordem. Nós, espiritistas, sabemos que o sono corporal liberta os Espíritos para que eles busquem, natural e automaticamente, aquilo que lhes concentra os interesses. No sonambulismo irresponsavelmente provocado, sem bons propósitos claramente definidos, os riscos são simplesmente imprevisíveis. Nisso reside o perigo da utilização de técnicas avançadas, quaisquer que elas sejam, sem o resguardo de ascendentes morais respeitáveis que as dignifiquem. De resto, quem quer que se afeiçoe aos hábitos salutares da meditação digna e da prece honesta prescinde de qualquer tipo de máquina para calmar a ansiedade e renovar nas fontes da paz e da luz divinas as suas reservas de bom ânimo, tranqüilidade e alegria interior. Não existem máquinas de fazer ninguém feliz, nem dinheiro que possa comprar o contentamento de viver.

DIGNIDADE ESPIRITUAL

Dentre as graves advertências que nos endereçou André Luiz, esse Espírito Revelador de quem somos endividados beneficiários, avultam, sem dúvida, as que se referem à transparência da nossa atividade mental, clara e facilmente detectável por qualquer Espírito razoavelmente lúcido, que, votado ao Bem ou ao Mal, pode devassar-nos os pensamentos com extrema facilidade, identificando-nos a posição evolutiva ou moral, pela simples visão da aura que nos envolve e pelo indisfarçável teor das vibrações que emitimos. Sintonizados conosco, são capazes de sondar-nos as intenções, a uma simples sugestão hipnótica, desvendando-nos sentimentos e convicções.

Embora freqüentemente nos iludamos com o jogo das aparências, no mundo da matéria mais densa, não conseguimos iludir os olhos espirituais dos desencarnados, e nem mesmo de encarnados mais percucientes. Não bastassem as linhas individuais e iniludíveis impressas nos nossos dedos, e as que nos marcam as palmas das mãos e dos pés, as impressões genéticas, recém-descobertas, nos identificam fisicamente, de modo irrecusável. Mas, e os nossos pensamentos, que são forças vivas que não cessamos de emitir, carregadas de imagens vívidas, dotadas de odores específicos, sentimentos direcionados e poder magnético?

Vejamos este despacho de Londres, publicado no jornal "O Globo", do Rio de Janeiro, de 14/11/87, pág. 19:

"Robert Melias, um estuprador de 43 anos, tornou-se o primeiro criminoso da história a ser condenado graças a uma nova técnica de investigação policial, a "impressão genética". A partir de uma amostra de sangue, esperma, tecido ou cabelo, é agora possível identificar uma pessoa, pois o padrão genético é diferente entre seres humanos, em cada grupo de 30 milhões (exceto em casos de gêmeos idênticos), segundo o Laboratório Cellmark, que faz os exames para a Polícia britânica. Melias foi condenado a oito anos de prisão, por ter violado uma inválida. Com uma amostra de seu esperma, a Polícia pôde identificá-lo com segurança, e ele terminou confessando."

André Luiz vai, porém, mais longe em suas considerações sobre as regiões situadas nos umbrais da crosta planetária:

"É nessa zona que se estendem os fios invisíveis que ligam as mentes humanas entre si. O plano está repleto de desencarnados e de formas-pensamento dos encarnados, porque, em verdade, todo Espírito, esteja onde estiver, é um núcleo irradiante de forças que criam, transformam ou destroem, exteriorizadas em vibrações que a Ciência terrestre presentemente não pode compreender." ("Nosso Lar" — 14a. ed., p. 61.)

A esta altura, impõe-se-nos recordar a inesquecível observação do nosso Divino Mestre:

"Vede que a luz que há em vós não sejam trevas!" (Lucas, 11:35).

O nosso venerável Emmanuel, orientador paternal a quem tanto devemos, escreveu certa vez uma página notável sobre o valor do pensamento verbalizado, da qual me permito reproduzir aqui algumas assertivas:

"O que sai do coração e da mente, pela boca, é força viva e palpitante, envolvendo a criatura para o bem ou para o mal, conforme a natureza da emissão. Do íntimo dos tiranos origina-se o movimento inicial da guerra; da alma dos caluniadores partem os venenos que atormentam espíritos generosos; do coração dos maus, dos perversos e dos inconscientes, surgem os primórdios das quedas, dos crimes e das injustiças; assim também, o auxílio fraterno espalha benefícios infinitos; o ato de bondade é invariável força benéfica em derredor de quem o mobiliza. Há imponderáveis energias edificantes em torno daqueles que mantêm viva a chama dos bons pensamentos, a iluminar o caminho alheio. O pensamento, expressado pelo verbo, cria, insinua, inclina, modifica, renova ou destrói."

Em mensagem que esse sublime Pontifície Espiritual me dirigiu, em 1951, através da benemérita mediunidade do Chico Xavier ("Reformador" de janeiro de 1977, pág. 31), disse-me que: "Não fugiremos aos nossos próprios quadros internos. Somos o que somos, com a herança do passado e a esperança no porvir."

Vigiemos, pois, os nossos pensamentos e as nossas palavras, porque vivemos cercados de uma multidão de testemunhas. Deus nos conhece. Nossos amigos espirituais, e os nossos vigilantes fiscais da Espiritualidade, também nos conhecem muito bem. E, sobretudo, nós nos conhecemos... Procuremos ser dignos, então, do nosso Pai Celestial. Dignos!

AMOR DIVINO

Relatando-nos, em seu livro "Obreiros da Vida Eterna", os memoráveis acontecimentos que precederam a uma de suas excursões socorristas na região dos encarnados, conta-nos André Luiz que compareceu à excelsa reunião no Santuário da Bênção, da colônia Espiritual "Nosso Lar", onde "materializou-se" um sublime Espírito chamado Asclépios. A propósito, entendo muito oportuno transcrever aqui o registro do nobre escritor desencarnado:

— "Com a permissão de Jerônimo e liderando companheiros tão curiosos e pesquisadores quanto eu mesmo, acerquei-me de Cornélio e despejei-lhe aos ouvidos grande cópia de interrogações. Acolheu-me, benévolo, e informou: — "Pertence Asclépios a comunidades redimidas do Plano dos Imortais, nas regiões mais elevadas da zona espiritual da Terra. Vive muito acima de nossas noções de forma, em condições inapreciáveis à nossa atual conceituação de vida. Já perdeu todo contacto direto com a Crosta Terrestre e só poderia fazer-se sentir, por lá, através de enviados e missionários de grande poder." (...) Não me deixei impressionar e prossegui perguntando: — "Asclépios, todavia, não mais reencarnará na Crosta?" O Instrutor gesticulou significativamente, e esclareceu: — "Poderá reencarnar em missão de grande benemerência, se quiser, mas a intervalos de cinco a oito séculos entre as reencarnações." (...) "Devemos acreditar — interroguei, admirado — seja esse o mais alto grau de desenvolvimento espiritual no Universo?" O diretor da

Casa sorriu, compassivo, em face de minha ingenuidade, e considerou: — "De modo algum. Asclépios relaciona-se entre abnegados mentores da Humanidade Terrestre, partilha da soberana elevação da coletividade a que pertence, mas, efetivamente, é ainda entidade do nosso Planeta, funcionando, embora, em círculos mais altos de vida. Compete-nos peregrinar muito tempo, no campo evolutivo, para lhe atingirmos as pegadas; no entanto, acreditamos que o nosso visitante sublime suspira por integrar-se no quadro de representantes do nosso orbe, junto às gloriosas comunidades que habitam, por exemplo, Júpiter e Saturno. Os componentes dessas, por sua vez, esperam, ansiosos, o instante de serem convocados às divinas assembléias que regem o nosso sistema solar. Entre essas últimas, estão os que aguardam, cuidadosos e vigilantes, o minuto em que serão chamados a colaborar com os que sustentam a constelação de Hércules, a cuja família pertencemos. Os que orientam nosso grupo de estrelas aspiram, naturalmente, a formar, um dia, na coroa de gênios celestes que amparam a vida e dirigem-na, no sistema galáxico em que nos movimentamos. E sabe meu amigo que a nossa Via-Láctea, viveiro e fonte de milhões de mundos, é somente um detalhe na Criação Divina, uma nesga do Universo?!..."

Noutro capítulo do mesmo esplêndido livro, transcreve André Luiz o expressivo relato de outro grande Espírito, o Instrutor Metelo, que nos vale a pena recordar. Disse ele:

— "Também eu tive noutro tempo a obcecação de buscar apressado a montanha. A Luz de cima fascinava-me e rompi todos os laços que me retinham embaixo, encetando dificilmente a jornada. Contudo, quando mais me vangloriava, dentro de mim mesmo, embalado na expectativa de atravessar mais altos cumes, eis que, certa noite, notei que o vale se represava de fulgente luz. Que sol misericordioso visitava o antro sombrio da dor? Seres angélicos desciam, céleres, de radiosos pináculos, acorrendo às zonas mas baixas, obedecendo ao poder de atração da claridade bendita. "Que acontecera?" — perguntei ousadamente, interpelando um dos áulicos celestiais. — "O Senhor Jesus visita hoje os que erram nas trevas do mundo, libertando consciências escravizadas." Nem mais uma palavra. O mensageiro do Plano Divino não podia conceder-me mais tempo. Urgia descer para colaborar com o Mestre do Amor, diminuindo os desastres das quedas morais, amenizando padecimentos, pensando feridas, secando lágrimas, atenuando o mal, e, sobretudo, abrindo horizontes novos à Ciência e à Religião, de modo a desfazer a multimilenária noite da ignorância."

Será preciso mais do que isso, para inclinar-nos o coração ao amoroso socorro aos mais desventurados do mundo? Não será este o apelo silencioso e permanente que a todos nos dirige o Amor Divino? Se o Céu, malgrado os desesperos da iniqüidade, não cessa de socorrer os infernos, que fazemos nós para colaborar com Jesus?

SÍMBOLOS

O Novo Dicionário da Língua Portuguesa, de Aurélio Buarque de Holanda Ferreira, assim define o SÍMBOLO: "Aquilo que, por um princípio de analogia, por sua forma ou sua natureza, representa ou substitui, num determinado contexto, outra coisa ou algo abstrato ou ausente. Aquilo que tem valor evocativo, mágico ou místico. Elemento gráfico ou objeto que representa e/ou indica de forma convencional um elemento importante para o esclarecimento ou a realização de alguma coisa. Sinal, signo." E dá exemplos: "A balança é o símbolo da justiça; o Sol é o símbolo da vida; a água é o símbolo da purificação." E refere o largo uso dos símbolos na Química, na Astronomia, na Literatura, na Numismática e na Psicologia. Diz também que ALEGORIA é a exposição de um pensamento sob forma figurada, e que FIGURAR é significar por meio de alegoria, simbolizar.

As formulações matemáticas são essencialmente simbólicas, mesmo porque a lógica dos raciocínios abstratos transcende quase sempre aos recursos da terminologia usual. Mas, que fazemos no dia-a-dia da nossa vida comum, senão expressar-nos correntemente através dos símbolos fonéticos e gráficos da linguagem e da aritmética vulgar? Quando se trata, porém, de traduzir noções inusuais de conhecimentos transcendentes, ou de exprimir idéias somente alcançáveis pelas vias do pensamento e da intuição, o recurso às figurações se torna normalmente indispensável.

A verdade é, no entanto, mais rica e significativa do que à primeira vista pode parecer, porque cada sinal, cada som, cada figura, tanto quanto cada elocubração ou sentimento, tem a sua vibração específica, capaz de induzir sensações, emotividades e inspirações. Ainda agora, e certamente por muito mais tempo ainda, nos surpreendemos a descobrir verdades novas e maravilhosas nos ensinamentos e nas parábolas que Jesus enunciou há dois milênios...

A linguagem figurada das sagradas Escrituras é magnífico repositório de sabedoria que desafia os séculos. E é preciso ter percepção e sensibilidade para entender o *Gênesis* quando diz, por exemplo, que "o Espírito de Deus pairava sobre as águas".

"Por isso lhes falo por parábolas — disse o Divino Mestre —, porque vendo não vêem, e ouvindo não entendem" (Mateus, 13:13). Por isso, também, escreveu o Apóstolo Paulo: "E se alguém cuida saber alguma coisa, ainda não sabe como convém saber" (I Coríntios, 8:2).

"Todas as fábulas encerram um ensinamento e um sentido moral. Vosso erro consiste em tomá-las ao pé da letra", diz "O Livro dos Espíritos", na resposta à pergunta nº 550. Em seu comentário à Questão nº 131 do mesmo livro, pondera o Codificador: "Os partidários dos demônios se apóiam nas palavras do Cristo. Não seremos nós quem conteste a autoridade dos seus ensinos, que desejaríamos ver mais no coração do que na boca dos homens; porém, estarão aqueles partidários certos do sentido que ele dava a esse vocábulo? Não é sabido que a forma alegórica constitui um dos caracteres distintivos da sua linguagem?"

Sem as revelações da Doutrina Espírita, quase todos nós, prisioneiros de nossa própria ignorância, carecíamos de condições para saborear a esplêndida beleza das sagradas Escrituras, do Velho e do Novo Testamento, dos Atos dos Apóstolos, das Epístolas e principalmente do Apocalipse, a fim de podermos banhar o nosso espírito nas águas lustrais desses sublimes repositórios de transcendental encantamento. É que nos faltavam, dentre outras condições fundamentais, as chaves de entendimento, para compreendermos o significado dos excelsos simbolismos daquele linguajar esotérico, que vela aos ignaros o sentido oculto que expressam.

Como sempre, teve o Senhor Jesus sobradas razões para dizer-nos: "Tenho ainda muito o que vos ensinar, mas não podeis suportá-lo agora." (João, 16:12.) Felizmente para nós, acrescentou: "Quando, porém, vier o Consolador, o Espírito da Verdade que o Pai vos enviará em meu nome, ele vos ensinará todas as coisas e vos guiará a toda a verdade, porque não falará por si mesmo, mas vos fará lembrar tudo quanto tenho dito e vos anunciará as coisas que hão de vir." (João, 14:26 e 16:12-13.)

À medida que avançamos no estudo do Espiritismo e vamos incorporando ao nosso entendimento as notícias que nos chegam do plano espiritual superior, os mistérios vão se desfazendo aos nossos olhos e novos horizontes de compreensão se vão abrindo à nossa percepção. Afinal, MISTÉRIO é tudo aquilo que exige conhecimento especial para ser explicado: o que se apresenta como secreto ou obscuro para os não iniciados; o que se afigura um enigma.

Aquilo para cuja interpretação se faz preciso uma chave, uma cifra que desvende os segredos de um código, que é um conjunto sistemático e ordenado de sinais secretos, representativos de idéias vedadas aos estranhos. É o saber peculiar, cuja compreensão depende de acesso a conhecimentos especiais. Com a *chave* do Espiritismo, conseguimos decifrar o sentido oculto de numerosas expressões das Escrituras Sagradas, como estas: "Enquanto comiam, tomou Jesus um pão e, abençoando-o, partiu-o e deu-o a comer aos discípulos, dizendo: Tomai e comei: isto é o meu corpo. A seguir, tomou um cálice e, tendo dado graças, deu-o aos discípulos, dizendo: Bebei dele todos, porque isto é o meu sangue." (Mateus, 26:26 a 28.) "Tendo os demônios saído do homem, entraram nos porcos..." (Lucas, 8:33.) "Não penseis que vim trazer paz à terra; não vim trazer paz, mas espada, pois vim causar divisão entre o homem e seu pai, entre a filha e sua mãe, e entre a nora e sua sogra. Assim, os inimigos do homem serão os da sua própria casa." (Mateus, 16:34 a 36.)

Escreve Emmanuel, no seu livro "A Caminho da Luz", uma página extraordinária, que diz assim:

"Reza o Apocalipse que a besta poderia dizer grandezas e blasfêmias por 42 meses, acrescentando que o seu número era o 666 (Apocalipse, 13: 5 e 18). Examinando-se a importância dos símbolos naquela época e seguindo o rumo certo das interpretações, podemos tomar cada mês como sendo de 30 anos, em vez de 30 dias, obtendo, desse modo, um período de 1.260 anos comuns, justamente o período compreendido entre 610 e 1870, da nossa era, quando o Papado se consolidava, após o seu surgimento, com o Imperador Focas, em 607, e o decreto da infalibilidade papal com Pio IX, em 1870, que assinalou a decadência e a ausência de autoridade do Vaticano, em face da evolução científica, filosófica e religiosa da Humanidade.

Quanto ao número 666, sem nos referirmos às interpretações com os números gregos, em seus valores, devemos recorrer aos algarismos romanos, em sua significação, por serem mais divulgados e conhecidos, explicando que é o Sumo-Pontífice da igreja romana quem usa os títulos de "VICARVS GENERALIS DEI IN TERRIS", "VICARIVS FILII DEI" e "DVX CLERI" que significam "Vigário-Geral de Deus na Terra", "Vigário do Filho de Deus" e "Príncipe do Clero". Bastará ao estudioso um pequeno jogo de paciência, somando os algarismos romanos encontrados em cada título papal, a fim de encontrar a mesma equação de 666, em cada um deles.

Vê-se, pois, que o Apocalipse de João tem singular importância para os destinos da Humanidade Terrestre."

Mesmo que não nos detenhamos nos textos do Velho Testamento, verificaremos que os Evangelhos estão repletos de maravilhoso simbolismo, especialmente de ordem numerológica. Os Apóstolos de Jesus eram 12 (noves fora, 3); os outros discípulos eram 70 (noves fora, 7); os alimentos que o Mestre multiplicou para socorrer a multidão (cinco pães e dois peixes) foram também 7. O perdão que o Senhor recomendou foi de 70 vezes 7 vezes (490, noves fora 4). Como veremos logo adiante, 3 é o número da Santidade; 7 é o da Sabedoria, e 4 é o da Justiça. No Apocalipse de João, 7 eram as igrejas, os Espíritos de Deus, os selos, as trombetas, os trovões e os flagelos. Quatro eram os seres viventes e as vozes. Os anciãos eram 24 (nove fora, 6). Os selados eram 144 mil (noves fora, 9).

O sentido de tudo isso está no significado esotérico dos números. O número *UM* é o primeiro, o indivisível, a força primacial, a supremacia. Representa o Criador, o Eu espiritual. É a DIVINDADE. O *DOIS* são as duas faces de uma só realidade: o bem e o mal, o dia e a noite, a luz e as trevas, o amor e o ódio, o nascimento e a morte. *TRÊS* é o número sagrado. Representa a Trindade Universal (o Criador, a Criatura e a Criação), a tríade de todas as religiões e de todos os sistemas de governo (o Legislativo, o Executivo e o Judiciário). É o triângulo, formado por três ângulos retos e três pontas, ou seja: três ângulos, mais três faces, mais três pontas, ou 3x2+3+3=12, noves fora, 3). É o número do Grande Mistério, a Retidão, a SANTIDADE. *QUATRO* é o quadrado perfeito, de quatro linhas retas e quatro ângulos retos, que a tudo abrange e contém. São os quatro elementos fundamentais do nosso orbe: a terra, o ar, a água e o fogo; as quatro estações do ano: primavera, verão, outono e inverno; as quatro fases da lua: minguante, nova, crescente e cheia; os quatro pontos cardeais: norte, sul, leste e oeste; os quatro cavaleiros do Apocalipse; as quatro etapas da vida: nascimento, crescimento, envelhecimento e morte; os quatro braços da cruz. É o símbolo do Universo, da Retidão e da JUSTIÇA. *CINCO* é a santificação do processo evolutivo, o 2+3. É o domínio do Espírito sobre o Universo, quando o quadrado se rompe com a adição de mais um (4+1). São as almas alforriadas dos mortos. É a LIBERTAÇÃO. *SEIS* é o número místico, a soma dos três ângulos retos do triângulo (2+2+2), e a confirmação do três (3+3). São os dois triângulos invertidos e entrelaçados da Estrela de Salomão (símbolo do Poder Oculto) — a Chave de Davi. É a ESPIRITUALIDADE. *SETE* é a revelação do segredo, a chave do mistério, a divinização da espiritualidade (6+1), a santificação do universo (4+3). É a Grande Sabedoria, a SABEDORIA TRANSCENDENTE. *OITO* é o número superior, o número crístico, da morte e da ressurreição. É o conjunto unificado dos dois universos, o visível e o invisível (4+4), a confirmação da soberana justiça. Número que verticalmente não pode ser invertido, porque continua igual a si mesmo; e que, escrito na horizontal, representa matematicamente o Infinito: (∞). É a Suprema Justiça (4+4), a SUBLIMA-

ÇÃO. O *NOVE* é 3 três vezes, três vezes santo. É o círculo perfeito, a circunferência de 360 graus (3+6) que tudo contém. É a liberdade que nasce da redenção (4+5); o universo evoluído e santificado (4+2+3); a liberdade da santificação do espírito (5+3+1); a evolução que se completa na sabedoria transcendente (2+7); a santificação da espiritualidade (6+3). É a PERFEIÇÃO.

Naturalmente, importa considerar que todo número tem o seu significado reverso, ou contrário, dependendo da natureza superior ou inferior de quem ou daquilo que assinala ou qualifica. O reverso de *UM* é *ZERO*, que também é o reverso do *NOVE*, pois o NOVE não se conta (noves fora), sendo como é o resultado da soma de todos os demais números básicos, de um a oito (1+2+3+4+5+6+7+8=36, ou 3+6=9). Como o símbolo da Divindade, e do Espírito, é UM, seu reverso é ZERO, isto é, o inexistente. O número da Besta Apocalíptica é 666 (6+6+6=18, i.e., 1+8=9). Sendo NOVE o número da PERFEIÇÃO, seu significado reverso é ZERO, ou seja: o seu oposto. Outrossim, o número SEIS é invertível. Se o virarmos de cabeça para baixo ele se transforma em NOVE. Assim, 666 e 999 têm o mesmo significado: NOVE. Por sinal, a Besta do Apocalipse tinha sete cabeças e dez chifres (7+10, noves fora 8). Oito é o número crístico; seu significado reverso é o ANTICRISTO.

Como este artigo já vai longo, encerro-o por aqui. Veja, quem tem olhos de ver; e entenda, quem tiver discernimento.

AS RAZÕES DA ESPERANÇA

É muito natural que nestes dias difíceis, em que vivemos o princípio do fim dos velhos tempos, nossa alma se confranja com os freqüentes espetáculos em que a iniqüidade se desborda. Nem por isso o nosso coração se desespera ou desalenta, confortados que somos pelas sublimes verdades que o Espiritismo nos desvela. Afinal, não foi sem altíssima razão que o Divino Mestre, ao anunciar e prometer o advento do Espírito Santo, deu-lhe o título significativo de Consolador (João, 14:26). É por isso que, malgrado a escuridão da noite densa, conseguimos vislumbrar com doce encantamento o fulgor das estrelas da esperança.

Assim é que não nos detemos na fixação dos males que o noticiário da imprensa diuturnamente divulga, porque também sabemos identificar, em meio ao turbilhão dos dolorosos registros, o alento clarificador das promessas felizes. Despacho telegráfico de Oak Ridge, Tennessee, informa, por exemplo, que os pesquisadores das usinas nucleares americanas já não gastam mais todo o seu tempo apenas na preparação de urânio para reatores ou desenvolvendo novos explosivos, mas se dedicam também a trabalhar em projetos pioneiros, como, dentre outras, uma técnica de introdução de íons de nitrogênio em metais, futuramente aproveitável para uso em próteses de quadris e joelhos humanos; uma nova cerâmica superdura, sete vezes mais resistente que as atuais, além de capazes de substituir metais em maquinismos e de permitir a decuplicação da velocidade atual de ferramentas de corte; um novo tipo de unidade de aquecimento para aparelhos elétricos, etc. ("O Globo" 7/5/1988, p. 16.)

Diz o mesmo jornal, no mesmo dia e na mesma página, que o cirurgião Günter Lob conseguiu fazer, no Hospital das Clínicas de Ulm, Alemanha, uma operação sensacional, reconstruindo a perna de uma mulher de 24 anos, com a ajuda de quatro costelas do seu próprio corpo; que o pecuarista Ednan Abritta, de São José do Rio Preto, Estado de São Paulo, inventou nova técnica de cortar chifre de boi, libertando os animais do "stress" dos anestésicos, da debilitação física e da dor; que novas técnicas e pesquisas odontológicas em desenvolvimento na Suécia já permitem implantes dentários praticamente sem qualquer rejeição e se encaminham para a descoberta da prevenção de periodonites; que novos testes, ainda inexistentes no Brasil, foram lançados em São Paulo, pela empresa Biolab, para mais rápidos e confiáveis diagnósticos da malária e da sífilis; e que o Hospital das Clínicas de Porto Alegre já está em condições de diagnosticar doenças metabólicas genéticas na gravidez.

O "Jornal do Brasil" de 28/4/1988, 1º cad., p. 7, publica, por sua vez, transcrevendo informe de Baltimore, USA, que os pesquisadores da NASA, depois de repassarem tecnologias espaciais para utilização no cotidiano terrestre, como, por exemplo, cadeiras de rodas controladas pelo movimento do globo ocular, fabricaram, a partir de uma tecnologia desenvolvida para observar a formação de gelo nos foguetes propulsores, um par de óculos com telas de TV, que poderão aumentar a capacidade de visão de milhões de portadores de diabetes e de pessoas idosas com degeneração da retina.

Muitas outras notícias alvissareiras têm enchido as páginas dos jornais diários, e só não as registrarei neste artigo por mera falta de espaço. Vale, porém, assinalar que não se restringem às áreas científicas ou tecnológicas as boas novas a respeito das mudanças felizes que se estão processando no mundo, com evidentes repercussões no futuro, especialmente no que tange aos interesses e aos sentimentos humanos. Informe de Gregory Crouch, do "Los Angeles Times", publicado no "Jornal do Brasil" de 28/4/1988, 1º cad., p. 12, noticia, por exemplo, a quebra espetacular, com mais de um milhão de dólares de dívidas e calote em mais de uma centena de credores, de uma das três maiores empresas pornográficas dos Estados Unidos, a "Essex Video", que há quinze anos vinha envenenando a cultura norte-americana e exportando sugestões viciosas para todo o mundo ocidental.

Em Moscou, o biólogo Eduard Naumoy, que havia sido condenado a 15 anos de prisão por prática remunerada de Parapsicologia, pôde apresentar-se recentemente diante de um público de mil especialistas em Bioenergia, identificando auras de pessoas e movendo objetos com a força da mente, tudo isso com transmissão ao vivo pela Televisão Soviética ("O Globo" 26/4/1988, 1º cad., p. 14). Em São Paulo, sensitivos e paranormais acabam de realizar a 1ª Conferência de Metafísica Brasil-Estados Unidos, declarando que o nosso país foi escolhido para sediar o evento "por apresentar vibrações positivas no solo" ("O Globo" de 6/5/1988, 1º cad., p. 5). Em Atlanta, na Georgia,

EUA, Eugene Antonio Marino foi oficialmente empossado como o primeiro arcebispo negro católico dos Estados Unidos, numa cerimônia marcada por cantos gregorianos, fanfarras, música folclórica, canções negras e hinos hispânicos. Mais de quatro mil e quinhentas pessoas lotaram o Centro Cívico de Atlanta para o evento, que reuniu mais de quinhentos bispos e três cardeais, numa celebração que durou dois dias ("O Globo" 7/5/1988, p. 18). No Rio de Janeiro, as grandes livrarias já não têm mãos a medir para atender à enorme procura de livros sobre espiritualismo, esoteria, numerologia e ocultismo ("O Globo", Jornal da Família, 1º/5/1988).

Existe inegavelmente um clima saudável de renascimento espiritual no mundo inteiro, apesar da enorme diversidade e até da esdruxularia de muitas das suas expressões. Em que pese o espesso nevoeiro de ignorância e maldade que ainda envolve o nosso mundo, acendem-se diariamente em toda parte miríades de luzes, enquanto se avizinha a grande alvorada que dealbará sobre a Terra o Grande Sol.

NÃO BASTA SABER

Judas Iscariotes privou durante anos da intimidade de Jesus, foi membro efetivo, desde a primeira hora, do Colégio Apostólico do Mestre, e, apesar disso, acabou por traí-lo. Não foi, porém, caso único na História, porque milhões de outros o imitaram ao longo dos séculos, e muitos continuam a fazê-lo ainda agora, valendo-se do nome do Senhor para inquinar-lhe os ensinos, na condição de ministros da sua palavra e sacerdotes do seu culto. É que não basta saber sem sentir, nem crer sem vivenciar a crença.

Esta reflexão vem a propósito de curioso artigo assinado por Sua Excelência Reverendíssima Dom Boaventura Kloppenburg, OFM, Bispo de Novo Hamburgo, RS, doutor em Teologia e membro da Comissão Internacional de Teologia da Santa Sé, publicado na página 11, primeiro caderno, do "Jornal do Brasil" de 27 de outubro de 1989, sob o título "Reencarnação e doutrina cristã".

Escreve textualmente o articulista:

"O pensamento reencarnacionista atualmente em voga no ambiente de *new age* pode ser compendiado nestes quatro pontos:
— Pluralidade das existências terrestres: nossa vida atual não é a primeira nem será a última existência corporal: já vivemos e ainda teremos que viver inúmeras vezes em sempre novos corpos materiais.

— Progresso contínuo para a perfeição: a lei do progresso impele a alma para sempre novas vidas e não permite não só nenhum regresso, mas nem mesmo estacionamento definitivo e muito menos um estado final de condenação: mais século, menos século, todos chegarão à perfeição final do espírito puro.

— Conquista da meta final por méritos próprios: em cada nova existência a alma avança e progride na proporção de seus esforços; todo o mal cometido será reparado com expiações pessoais, sofridas pelo próprio espírito em novas e difíceis encarnações.

— Definitiva independência do corpo: na proporção em que avança na incessante conquista para a perfeição final, a alma, em suas novas encarnações, assumirá um corpo sempre menos material, até chegar ao estado definitivo, em que viverá, para sempre livre do corpo e independente da matéria."

"Segundo a teoria da reencarnação — prossegue adiante o Bispo —, a alma deve reencarnar por dois motivos: para expiar seus pecados cometidos em vida anterior e para progredir na escala da perfeição. Aí está toda a razão de ser das vidas sucessivas. Tanto a expiação como o progresso devem ser méritos pessoais conquistados por esforços próprios e não em virtude do mistério pascal cristão."

Depois dessa eloqüente demonstração de intimidade com os postulados da Doutrina Espírita, diz, incrivelmente o eminente soteriólogo:

"A irrepetibilidade e a unicidade da vida humana na Terra é um dado da revelação cristã: "Está decretado que o homem morra uma só vez, e depois disto é o julgamento" (Hebreus, 9:27). Basta meditar os textos dos evangelhos para constatar que Jesus, quando fala desta nossa atual vida terrestre, costuma atribuir-lhe um valor decisivo para toda a existência posterior à morte, insistindo muito na importância culminante da hora da morte, advertindo-nos freqüentemente de estarmos sempre prontos e preparados para prestarmos conta de nossa vida ao juiz divino, prometendo aos justos recompensa imediata depois da morte e contestando abertamente a possibilidade do perdão, passados os umbrais da eternidade."

E conclui, terminante e tachativo:

"Não há reencarnação, graças a Deus."

Vê-se, pois, realmente, que não basta, apenas saber.

COMENTÁRIOS

Tema: *Sacrifício da própria vida* (Evangelho segundo o Espiritismo, cap. V, item 29).

Irmãos e Amigos.

Iniciando os comentários à lição da noite, desejo que minhas primeiras palavras sejam uma mensagem de muita compreensão e de muita ternura a todos os aflitos que cederam às tentações do desespero e se arrojaram ao pélago atroz do suicídio. Longe de mim, que conheço alguma coisa dos mistérios da dor humana, açoitar essas almas irmãs com a mais leve acusação. Ninguém, na verdade, pode imaginar tudo o que há de angustiante e terrível no íntimo de quem atinge os limites extremos da resistência e deserta da vida. Para os que assim tombaram, enviemos o nosso pensamento carinhoso, a nossa fraterna vibração.

Dirijo-me agora aos companheiros de jornada humana que porventura estejam tentados, de algum modo, a abandonar a luta do dia-a-dia, neste mundo que às vezes se afigura, a este ou àquele coração, um verdadeiro vale de lágrimas. Apesar da aparência lisonjeira com que nos apresentemos, e sem embargo dos nossos valores e princípios, quase todos já experimentamos dentro d'alma a desilusão e o cansaço, o impulso de tudo abandonar, de fugir de tudo, como se fôssemos demais para o mundo e o mundo fosse demais para nós.

Às vezes, porém, a tentação é mais sutil, mais cavilosa; o ímpeto da autodestruição não surge com a idéia clara do suicídio direto, evidente, insofismável; o propósito não é propriamente o de matar-nos, é o de nos deixarmos morrer, o de nos abandonarmos, com deliberada indiferença, às forças arrasadoras da vida. Quando isso se dá, estranho torpor nos anestesia a sensibilidade; as pessoas em volta tornam-se longínquas e sem rosto; o entusiasmo fenece, as esperanças se crestam e tudo vai mergulhando, aos nossos olhos, numa bruma imensa e sem sentido.

Que palavras poderiam reanimar essas almas em pesadelo, sob hipnose terrível, depertando-lhes de novo a vontade de viver? Melhor será que lhes falemos de outras pessoas sofredoras, talvez mais sofredoras do que elas, mas que conseguiram vencer de tal modo limitações e problemas, que se tornaram exemplos luminosos e imortais, a clarear para sempre, com sua sublime lembrança, os mais tristes caminhos da desventura humana.

Luís Braille é um desses exemplos. Cego desde os três anos de idade, numa época em que a cegueira era um estigma da inutilidade, deveria ser, como inumeráveis companheiros de infortúnio, um marginal da sociedade, a lamentar-se vãmente da sorte.

Ele, porém, jamais se conformou passivamente à idéia de marginalização: estudou, trabalhou e lutou infatigavelmente, até criar e ver vitoriosa a escrita em relevo, especial para cegos, que foi batizada com o seu nome. Ainda não satisfeito, criou também um sistema de notação musical para os privados da visão, permitindo, dessa forma, a todos os cegos do mundo, a alegria de ler, escrever e compor música, integrando-se definitivamente na vida social. Foi assim que aquela criatura admirável conseguiu sobrepor-se às agruras de uma situação desalentadora, para transformar-se num dos maiores gênios benfeitores de toda a Humanidade.

Ninguém ignora que dentre as belezas que fazem a fama das cidades históricas de Minas figuram em primeiro plano as obras de Manuel Francisco Lisboa, *o Aleijadinho*. Não preciso falar aqui dos merecimentos artísticos desse personagem extraordinário, que é de todos sobejamente conhecido, mas desejo frisar que aquelas esculturas geniais dos profetas e as sessenta e seis figuras da via sacra, talvez o melhor de sua obra, foram feitas quando ele já estava sob o guante da terrível moléstia que o deformou e quando as suas condições de vida e de trabalho eram extremamente dolorosas. Foi, portanto, na fase pior de sua existência, quando se embuçava da cabeça aos pés, com vergonha de mostrar-se aos olhos alheios, e experimentava, juntamente com a dor física, os martírios morais de angustiosa solidão interior, que construiu aquelas maravilhas, que ficaram para os pósteros como explosões silenciosas de amor e de beleza.

Existiu neste país um frade carmelita chamado Frei Joaquim do Amor Divino, o Frei Caneca. Intelectual proeminente e liberal, aderiu ao movimento republicano que se articulou em Pernambuco nos fins do século dezoito. Fracassada a insurreição, foi ele sentenciado a quatro anos de pena numa prisão baiana. Para o seu espírito culto e refinado, a condenação poderia ser um arrasamento, mas ele a aproveitou para ensinar geometria e cálculo aos companheiros de cárcere e para escrever uma gramática da língua portuguesa. Libertado, continuou, no Recife, o seu trabalho, até ser novamente preso no Ceará, em 1824, após a derrocada da "Confederação do Equador". Sumariamente julgado, foi condenado a morrer por enforcamento. Tal era, porém, o respeito que o povo dedicava, que não se encontrou, neste vasto país, um só carrasco que aceitasse a incumbência de executá-lo. Por isso, morreu fuzilado, com a dignidade de um homem que soube ser maior do que as circunstâncias que lhe condicionavam o destino.

Qualquer criança de nossas escolas públicas sabe o nome daquele que é geralmente considerado o maior músico de todos os tempos; Ludwig van Beethoven. Todos também sabem que, no auge da sua glória, quando a Europa consagrou a sua Nona Sinfonia Coral, ele já não podia ouvir os aplausos que o honravam, mergulhado que estava na implacável surdez que o castigava. O que nem todos sabem é que Beethoven teve uma infância difícil, um pai alcoólatra e uma família que vivia nas mais duras condições de subsistência. Quando a mãe dele morreu, o músico paupérrimo, de dezesseis anos de idade, teve de assumir os encargos da família e cuidar dos dois irmãos menores. Sua vitória na música foi o triunfo da tenacidade e do trabalho, ao longo de muitos anos de esforço e solidão; mas, enquanto seu espírito se aureolava na glória de uma produção incessante e majestosa, seu coração buscava inutilmente o afeto de que precisava. Buscou em vão Eleonora Brewning, Jeanette Honrath, Maria von Westerhold e Josefina von Brunswick. Quando, porém, Giulietta Giucciardi, a quem dedicou a Sonata ao Luar, preteriu-o, para casar-se com outro, Beethoven quase suicidou-se. Refugiando-se no trabalho, transformou suas mágoas solitárias numa apoteose de sons e legou para a posteridade deslumbrada o oceano vibrante de suas imorredouras sinfonias.

Depois de Shakespeare, a língua inglesa não conheceu poeta maior do que Milton. No entanto, quando ele estava no melhor da sua capacidade de criação, quando eram mais belos os vôos do seu pensamento, ficou cego. Outro talvez desesperasse e deixasse de produzir, mas ele conseguiu sobrepujar a adversidade e ditar uma das obras mais importantes da poesia mundial: o "Paraíso Perdido".

Um homem negro, filho de escravos, obteve, depois de muitas lutas, o magro emprego de auxiliar de arquivista da Estrada de Ferro Central do Brasil. Sem oportunidade na vida social, procurou realizar-se no amor, mas a mulher ficou louca. A vida inteira foi para ele um rosário de decepções e de agonias. Nada, porém, impediu que aquele modesto preto se tornasse a maior expressão da poesia simbolista da língua portuguesa. Chamou-se Cruz e Souza. Um vencedor do destino.

Oswaldo Cruz é hoje cultuado como legítima glória brasileira, pioneiro e herói da luta contra a febre amarela e a peste bubônica, instituidor da vacina obrigatória no Brasil. Isso, hoje, porque na sua época, criticado pela imprensa e abandonado por quase todos, viu sua casinha humilde apedrejada pelo povo. Geralmente incompreendido e quase sempre só, teve de recorrer às últimas reservas de resistência para levar até o fim a luta benemérita que acabou por consagrá-lo.

Em qualquer lugar do mundo, é com respeito que se pronuncia o nome de Dostoiewsky, retratista emérito das paixões e dos sonhos da alma humana, honra de sua gente e um dos maiores romancistas de todos os tempos. Quantos milhões de pessoas leram seus livros e viram os filmes neles baseados? Poucos são, contudo, os que se lembram de que ele trabalhou debaixo das piores condições de saúde física e mental, e que só conseguiu relativa calma nos intervalos de suas freqüentes e dolorosas crises epilépticas.

É evidente que poderíamos continuar citando, indefinidamente, exemplos e mais exemplos. De propósito, não mencionamos até agora nenhum vulto religioso, para que não se diga que as figuras santificadas pairam acima do comum dos mortais. Os nomes que citamos, inclusive o de um frade, se notabilizaram fora dos círculos da fé, e alguns deles, sem outra fonte de esperança além do próprio coração, tiveram de lutar bravamente para, como a fênix da lenda, renascer das próprias cinzas.

Se quisermos, porém, volver as nossas vistas para a seara cristã, provavelmente não encontraremos exemplo mais comovedor do que o da inesquecível Maria de Magdala. Ela, que havia renunciado, por amor ao Mestre, ao luxo e ao prazer, não teve ninguém por si, quando se foi do mundo o seu Sublime Amigo. Abandonada pelos companheiros, desacreditada e solitária, só encontrou interesse e respeito num vale de leprosos. Ao invés de recusar-se a eles, deu-se-lhes de tal modo, e realizou tão bela plantação de amor fraterno, que nenhuma geração terrestre poderá jamais deixar de prestar-lhe a homenagem mais comovida e mais sincera.

Aqui em São Paulo viveu, até há poucos anos, outro leproso inesquecível, chamado Jésus Gonçalves. Até os últimos dias de seu longo padecimento, estimulou os companheiros de doença com suas palavras mansas de alegria e de bondade, pregando o Evangelho de Amor no Centro Espírita que fundou na Colônia de Pirapitingui. Quem poderá esquecer os gestos de bênção de suas mãos sem dedos e os sorrisos de carinhosa compreensão da sua boca sem dentes?

A grande verdade é que todos estamos neste mundo para aprender e subir, na escala da vida imortal. E isto não se pode fazer sem luta e sem dor, sem o suor da experiência, sem o esforço no trabalho. Quase sempre, a vitória de cada um de nós depende de um pouco mais de resistência, de um pouco mais de perseverança, um pouco mais de fibra, um pouco mais de fé. O mundo recebe sempre com extraordinárias demonstrações de amor e entusiasmo os seus heróis, que voltam coroados de triunfo d'algum campo de batalha. O mundo espiritual procede do mesmo modo, ao receber os que, através das provações e das amarguras da Terra, souberam guardar, no coração sofrido, a chama da bondade e da coragem...

Não preciso dizer que são também recebidos com carinho e compreensão, embora com infinita tristeza, os que partem do mundo derrotados, porque não puderam resistir um pouco mais, e esgotaram, nos olhos secos e aflitos, o orvalho das lágrimas.

Por mais triste e infeliz que nos pareça a sorte, busquemos, então, manter-nos na batalha e superar de algum modo as circunstâncias. Se temos conseguido isso até agora, por que não irmos um pouco mais? Já dizia o nosso caro poeta Francisco Otaviano:

"Quem passou pela vida em brancas nuvens
E em plácido repouso adormeceu;
Quem não sentiu o frio da desgraça,
Quem passou pela vida e não sofreu;
Foi espectro de homem, não foi homem...
Só passou pela vida — Não viveu!"

SACRIFÍCIOS

Transportemo-nos em pensamento à gloriosa Atenas de dois mil e quatrocentos anos atrás... Nos esplêndidos jardins, em frente ao Forum, a veneranda figura de Sócrates, com seus cabelos ao vento e suas barbas brancas, conversa com os·moços sobre os grandes problemas da vida. Pergunta-lhes em que consiste realmente a moral: se num conjunto de fórmulas convencionais, ou numa conduta consciente, que derive das convicções verdadeiras de cada homem. Indaga sobre os fundamentos legítimos da autoridade. Fá-los pensar sobre a natureza do bem e do mal, sobre o dever e a honra, sobre o amor e a morte.

Avisados amigos o advertem: — "Cuidado, Sócrates, com as tuas formulações! Olha que ainda terás problemas com os poderosos!" Ele, porém, não cessa de questionar, de conversar e discutir, na busca serena e pública das verdades mais simples.

Um dia, levam-no à barra do tribunal e o condenam a morrer envenenado.

*

Oito séculos antes de Sócrates, outro grande homem havia tomado outra grande decisão: sair com o seu povo da terra fértil onde este vivia em cativeiro, para uma jornada de quarenta anos na desolada vastidão do deserto.

A distância a percorrer não exigia tamanho dispêndio de tempo, mas era necessário enrijar o espírito do povo e esperar, sob as inclemências da Natureza, nas privações e na fadiga, que surgissem novas gerações de melhor têmpera, forjadas ao sol da liberdade.

Precisou, realmente, de quatro décadas para legar à sua gente uma nova legislação, incutir nela firmes princípios e rígidos costumes, estabelecer e consolidar tradições que dessem ao seu povo fibra indestrutível, capaz de resistir a milênios de dor.

Quando atingiu, afinal, o termo da jornada, só de longe conseguiu contemplar, nas fímbrias do horizonte, a Terra Prometida. Sentindo o frio da morte, subiu ao Monte Nebo e sozinho aguardou o fim.

*

Doze séculos depois de Moisés, levantou-se no mundo a maior figura da História, aquele que dividiu as eras em antes e depois dele, Jesus de Nazaré, o Cordeiro de Deus. Seu extremo sacrifício estava previsto, desde séculos, pelos profetas de Israel, e foi repetidamente anunciado por ele próprio. No mundo, o salário do seu imenso e desassombrado amor só poderia ser a morte.

*

Estêvão levantou-se como um titão na Igreja do Caminho, afirmou o Cristo como uma realidade definitiva para a História Humana, identificando publicamente em Jesus o Messias prometido a Israel. Disse isso diante de Saulo, o Rabino, e o repetiu no Sinédrio, diante dos juízes da raça. Companheiros houve que discordaram da sua firme veemência. Entendiam que os ensinos de Jesus deveriam florescer aos poucos, suavemente, com maneirismos e concessões aqui e ali... Estêvão não pensava assim. Sabia que se fosse claro e decidido seria condenado como blásfemo, traidor e feiticeiro. Acabou apedrejado, como um réprobo. Foi o primeiro mártir do Cristianismo.

*

O tempo passou. Mudanças políticas inúmeras transformaram a face do poder, até que surgiu no cenário humano um homem chamado João Huss. Dotado de poderosa eloqüência, protestara energicamente contra a traição dos religiosos ao espírito do ensino de Jesus. Reivindicava desabridamente a volta da Igreja à pureza primitiva dos Evangelhos, numa época em que a religião politizada era o centro de manipulação dos poderes humanos.

Foi preso, julgado, condenado e queimado em praça pública.

*

Joana D'Arc levantou a França. Repetia, nos campos de batalha e nos palácios reais que via um mundo maravilhoso para além das formas materiais. — "A vida se prolonga, gloriosa e resplendente, para lá do sepulcro! Eu converso com os tutelares da França, com os Numes da Pátria! Eles vivem!"

Mataram-na.

*

Mencionamos, até aqui, pessoas cujas vidas foram fisicamente sacrificadas, como aconteceu a Abraham Lincoln, cuja grandeza d'alma estruturou uma nação e que foi covardemente assassinado pelas costas; como o Mahatma Gandhi, cujo exemplo de coragem e mansidão comoveu o mundo e redimiu um povo. Que dizer, porém, de um Francisco de Assis? Ele não morreu espetacularmente, nem jamais alguém tentou matá-lo; entretanto, sua vida foi, toda ela, um poema de amor ao próximo, de abnegação total, de renúncia absoluta, de devotamento ímpar aos pobres e desventurados, aos fracos e aos aflitos, com a mais alta doação de si mesmo que a crônica dos tempos registrou.

Afirma Emmanuel que viver o bem é mais difícil do que morrer por ele. É verdade. Não é qualquer pessoa que tem a coragem silenciosa e paciente de um Darwin, a pesquisar, com humilde e determinada perseverança, os caminhos da evolução das espécies, enquanto uma legião de espíritos mesquinhos o ridicularizava de público, todos os dias.

Para abrir sendas novas à Medicina, em favor da saúde de todas as gerações humanas, Pasteur amargou a incompreensão e o descrédito dos seus contemporâneos, a agressão dos ignorantes enfatuados de sua época e o sarcasmo de uma multidão que ria, a bandeiras despregadas, diante das caricaturas acachapantes do cientista, que os jornais do seu tempo divulgavam.

Por levantar o véu do mistério que envolvia o conhecimento de importantes realidades da alma humana, Freud foi também ridicularizado e combatido, execrado até depois de morto e vilipendiado por gente que jamais lhe tolerou a audácia de desentocar velhos preconceitos e abrir janelas novas de entendimento para arejar fétidos sótãos de mentiras milenares.

Galileu escapou da fogueira ao abjurar sua crença científica no heliocentrismo e na rotação da Terra, mas não logrou eximir-se do escárnio de seus próprios colegas e da fanática vigilância dos seus inquisidores.

Madame Curie, para legar ao mundo sua inestimável contribuição científica, sacrificou a própria saúde, expondo-se corajosa e permanentemente à radioatividade que lhe provocou o câncer.

Allan Kardec, desafiado, aos cinqüenta anos de idade, pelos fenômenos insólitos das mesas girantes, dedicou todo o resto de sua vida ao estudo e à difusão do Espiritismo, até seu último alento.

Bezerra de Menezes, "o médico dos pobres", atacado impiedosamente pela Imprensa, que o acusava de ladrão, realizou tão vasta e marcante obra de amor cristão, que se tornou inesquecível, mas só foi verdadeiramente reconhecido e valorizado quando morreu na indigência, na mesma cidade cujos pobres socorreu com dedicação apostolar.

Todos esses se gastaram abnegadamente, a vida inteira, no dia a dia do sacrifício pessoal. Oscar Adolpho do Amaral Ornellas trocou a doçura do lar pelo esforço de dias seguidos nos morros do Rio de Janeiro, a tratar de empestados moribundos, em nome do Divino Mestre.

Tais exemplos de abnegação e altruísmo, fraternidade pura e grandeza moral são as florações da árvore da felicidade, cujos frutos abençoarão a Nova Humanidade.

LIÇÕES DA VIDA

Agripina, bisneta de Otávio Augusto, era "rica de espírito". Hábil, ambiciosa e sem escrúpulos, julgava-se a mais inteligente das mulheres. Tornou-se Imperatriz de Roma ao casar-se, em terceiras núpcias, com Tibério Druso Cláudio, seu tio, de quem foi a quinta esposa. Fazendo seu unigênito Lúcio Domício Nero casar-se com Otávia, filha de Messalina, conseguiu torná-lo herdeiro do trono, preterindo a Britânico, o filho varão de Cláudio. Visando ao poder absoluto, valeu-se da famigerada Locusta para envenenar o marido e fez a Guarda Pretoriana proclamar Nero o Imperador, aos 17 anos de idade. Como não conseguisse governar como pretendia, aliou-se ao preterido Britânico, contra o seu próprio filho, que acabou mandando assassiná-la.

Nero, que se presumia não apenas o maior poeta, senão igualmente o maior cantor do seu tempo, não mandou matar somente a própria mãe e o irmão paterno, mas igualmente o filósofo Sêneca, seu preceptor, e Popéia, sua segunda esposa. Fez erguer, em honra de si mesmo, gigantesca estátua, em frente ao suntuoso palácio que mandou construir, chamado "Domus Aurea". Atribui-se-lhe o incêndio de Roma, pelo qual acusou os cristãos e os perseguiu cruelmente. Ameaçado por seus próprios generais, e sem coragem para suicidar-se, fez-se matar por um áulico.

Tomás de Torquemada tinha-se na conta do mais sábio e do mais santo dos homens. Suas crueldades de Inquisidor-Mór da Espanha foram de tal ordem que ficaram na História como das mais negras páginas da Civilização Ocidental.

Maximiliano Francisco Maria Isidoro de Robespierre, o "Incorruptível", fez condenar Danton à morte e instalou o Terror na França, para ser afinal também guilhotinado.

Frederico Nietzsche, pequeno, raquítico e doente, com suas concepções do "super-homem", criou os protótipos do ideário nazista de Hitler. Melancolicamente, morreu louco.

Nicolau Copérnico era, ao contrário, tímido e humilde. Somente poucos meses antes de morrer, em 1543, publicou o seu livro "De Revolutionibus Orbium Coelestium", que pôs termo a erro multissecular de Cláudio Ptolomeu, vigente desde o Século II, demonstrando o duplo movimento dos planetas sobre si mesmos e em torno do Sol.

Emmanuel Kant foi também, durante muito tempo, apagado livre-docente em Köenigsberg, sua cidade natal, tendo gasto quinze anos e duas tentativas fracassadas para chegar a catedrático de Lógica e Metafísica. E era ainda modesto professor aos 57 anos de idade, quando publicou a sua "Crítica da Razão Pura", livro que levou quinze anos escrevendo e reescrevendo, com beneditina paciência, e que revolucionou todas as concepções filosóficas da época.

O Sadu Sundar Singh, exemplo maravilhoso de firmeza e amor ao próximo, depois de uma vida inteira de serviço e de bondade, desapareceu nas montanhas geladas do Himalaia, deixando na neve apenas um rastro de sangue. Ele, que era conhecido, na Ásia, como "o homem que se parecia com Jesus", passou a ser chamado de "o apóstolo dos pés sangrentos". É dele esta doce e singela historieta, que se intitula "A Parábola dos Dois Mares":

"Na Palestina existem dois mares. Um é doce e nele abundam os peixes. Prados, bosques e jardins enfeitam as suas margens. As árvores estendem sobre ele os seus galhos e avançam as suas raízes para beber de suas águas saudáveis. Em suas praias brincam grupos de crianças, como brincavam quando Jesus estava ali. Ele amava esse mar. Contemplando sua prateada superfície, muitas vezes predicou suas parábolas. As cristalinas águas espumantes de um braço do Jordão, que descem saltando dos montes, formam esse mar que ri e que canta sob a carícia do sol. Os homens edificam suas casas perto dele, e os pássaros, seus ninhos. E ali tudo vive feliz, por estar às suas margens.

O Jordão desemboca, ao sul, em outro mar, onde não há movimento de peixes, nem surrurro de folhas, nem canto de pássaros, nem risos infantis. Os viajantes·evitam essa rota, a menos que os seus negócios os obriguem a segui-la. Uma atmosfera densa paira sobre as águas desse mar, que nem os homens, nem os animais, nem as aves, bebem jamais.

A que se deve tão grande diferença entre os dois mares vizinhos? Não se deve ao rio Jordão; tão boa é a água que lança num, como no outro mar. Também não se deve ao solo que lhes serve de leito, nem às terras que os circundam. A diferença se deve a isto: o mar da Galiléia recebe as águas do rio Jordão, mas não as retém, não as conserva consigo. A cada gota que nele entra, corresponde uma gota que dele sai. O dar e o receber ali se cumprem em idêntica medida. O outro mar é avaro e guarda com ciúmes tudo o que recebe. Jamais é tentado por um impulso generoso. Cada gota que nele cai é gota que nele fica. O mar da Galiléia reparte e vive. O outro não; tudo retém para si. Chama-se Mar Morto."